कौन है ऐसा पुजारी दैर में

कौन है ऐसा पुजारी दैर में

मयकश अकबराबादी

सम्पादक

सुमन मिश्र

rekhta publications

राजकमल प्रकाशन

rekhta
publications

राजकमल प्रकाशन

रेख़्ता पब्लिकेशंस

बी-37, सेक्टर - 1, नोएडा

उत्तर प्रदेश - 201301

contact@rekhta.org I www.rekhtabooks.com

www.rajkamalprakashan.com

प्रथम संस्करण : 2023

ISBN : 978-93-94494-40-4

कौन है ऐसा पुजारी दैर में

मयकश अकबराबादी

सम्पादक : सुमन मिश्र

आवरण रेखा चित्र - कपिल भारद्वाज

टाइपिंग एवं सेटिंग - मोहम्मद अमजद

मुद्रक - थॉमसन प्रेस (इंडिया) लिमिटेड

मूल्य : ₹ 249

हिन्दुस्तान की सूफ़ी-भक्ति परम्परा के नाम

प्रस्तावना

हिंदुस्तान में सूफ़ी ख़ानक़ाहों का एक लम्बा और प्रसिद्ध इतिहास रहा है। हज़रत निज़ामुद्दीन औलिया की ख़ानक़ाह हिंदुस्तान भर में प्रसिद्ध है जहाँ पर योगियों, सूफ़ियों और मलंगों का जमघट लगा रहता था। लंगर का चलन भी सूफ़ियों के द्वारा ही हिंदुस्तान में आया।

ख़ानक़ाहें हिंदुस्तानी गंगा जमुनी तहज़ीब की ध्वजवाहक रही हैं। यहाँ हमारी संस्कृति के न सिर्फ़ रंग-बिरंगे रूप देखने को मिलते हैं बल्कि इन्होंने इसे सहेज कर भी रखा है। कई रस्में आज भी सूफ़ी ख़ानक़ाहों में नियमित होती हैं जो वर्षों से चली आ रही हैं जनमें हमारी गंगा जमुनी तहज़ीब के कुछ ऐसे अनोखे रंग मिलते हैं जो हमें और कहीं नहीं मिलते। सूफ़ी ख़ानक़ाहें हमारी संस्कृति की जीवित जीवाश्म हैं। इनकी रूह आज भी वही है जो सदियों पहले हुआ करती थी। आज जहाँ कुछ ख़ानक़ाहें अपने गौरवशाली अतीत को सहेज कर रख पाने में सफल हुई हैं वहीं कुछ ख़ानक़ाहें ऐसी भी हैं जो इस परंपरा को आगे लेकर चल रही हैं। आगरा के मेवा कटरा इलाक़े में स्थित ख़ानक़ाह-ए-क़ादरिया,आस्ताना-ए-मयकश एक ऐसा ही अजीम रूहानी मरकज़ है जहाँ से तसव्वुफ़, इश्क़-ए-हक़ीक़ी और अदब का पैग़ाम तीन सदियों से दिया जा रहा है। ये आगरा में उर्दू के फ़रोग़ का मरकज़ भी रहा है। आज भी यहाँ इश्क़-ए-ख़ुदा और अज़मत-ए-इंसान का दर्स दिया जाता है।

इस ख़ानक़ाह की शुरुआत हज़रत शैख़ सय्यद अहमदुल्लाह शाह क़ादरी ने की थी जो अपने समय के जाने-माने सूफ़ी बुज़ुर्ग थे। इस ख़ानक़ाह के बुज़ुर्गों में सय्यद अमजद अ'ली असग़र, सय्यद मुनव्वर अ'ली शाह, सय्यद मुज़फ़्फ़र अ'ली शाह और सय्यद असग़र अली शाह जैसी हस्तियाँ थीं जिन्हों ने अपने इ'ल्म से आगरा को सूफ़ी

तालीम का मस्कन बना दिया था।

इसी ख़ानदान में हज़रत मयकश अकबराबादी का जन्म 3 मार्च सन्1902 ई. में आगरा में अपने आबाई मकान में हुआ। वालिद का नाम सय्यद असग़र अ'ली शाह जा'फ़री क़ादरी निज़ामी था। बचपन में ही हज़रत मयकश अकबराबादी के पिता का देहान्त हो गया। मयकश अकबराबादी ने हज़रत शाह नियाज़ अहमद नियाज़ बे-नियाज़ के दूसरे सज्जादानशीन हज़रत शाह मुहीउद्दीन अहमद क़ादरी चिश्ती नियाज़ी को अपना मुर्शिद बनाया और उन से बै'अत हुए।उन्होंने ख़ानक़ाह-ए-नियाज़िया बरेली में रह कर अपनी रूहानी शिक्षा पूरी की और तसव्वुफ़ को समझा।बाईस वर्ष की उम्र में उन्हें अपने मुर्शिद से ख़िलाफ़त मिली। उसके बाद मयकश साहब आगरा आ गए और दर्स-ए-निज़ामिया की शिक्षा मदरसा आ'लिया जामे' मस्जिद आगरा से पूरी की।

मोहम्मद अ'ली शाह मयकश अकबराबादी को सूफ़ियाना संस्कार विरासत में मिला और आपका ख़ानदान क़ादरी सिलसिले से वाबस्ता रहा है।आपके बुज़ुर्ग सय्यद मुज़फ़्फ़र अ'ली शाह बड़े बा-कमाल सूफ़ी बुज़ुर्ग थे और सिलसिला-ए-क़ादरिया चिश्तिया निज़ामिया नियाज़िया से तअ'ल्लुक़ रखते थे।

हज़रत मयकश अकबराबादी के पिता का जब देहान्त हुआ तब उनकी उम्र महज़ 2 साल थी। यह ख़ानक़ाह अपने अदबी और रूहानी शिक्षाओं के लिए आगरे भर में मशहूर थी। अपनी रूहानी और अदबी शिक्षा पूरी करने के बाद हज़रत मयकश अकबराबादी पर इस ख़ानक़ाह की बड़ी ज़िम्मेदारी आ गई। उन्होंने यह ज़िम्मेदारी पूरी निष्ठा से निभाई। हज़रत निज़ामुद्दीन औलिया ने फ़रमाया है -"दरवेशी पर्दापोशी अस्त" अर्थात दरवेशी छुपाने का नाम है। इस छुपाने को सूफ़ियों ने कई प्रकार से समझाया है। दूसरों के ऐब छुपाना

और अपने अहवाल छुपाना भी पर्दापोशी कही जाती है। मयकश साहब पूरी ज़िन्दगी इसी की शिक्षा देते रहे।

हज़रत मयकश अकबराबादी की जितनी पकड़ गद्य लेखन पर है उतनी ही संजीदगी और फ़िक्र उनकी ग़ज़लों में मिलती है। अ'ल्लामा नियाज़ फ़तहपुरी फ़रमाते हैं:

"मयकश आगरे की अदब ख़ेज़ सर-ज़मीन से तअ'ल्लुक़ रखते हैं और वहाँ की तमाम फ़न्नी वज़्न रखने वाली अदबी रिवायात से वाक़िफ़ हैं इसीलिए उनके कलाम में वज़्न है, फ़िक्र है, मतानत है, संजीदगी है। और इसी के साथ शगुफ़्तगी और तरन्नुम भी। उनके जज़बात जितने सुथरे हैं उतना ही ठहराव उनके इज़हार में भी पाया जाता है।"

आपकी आगरा की अदबी समाजी-ओ-ता'लीमी अंजुमनों में भी सक्रिय भागीदारी थी। जामिआ' उर्दू अ'लीगढ़ का क़ियाम आगरा ही में हुआ था और उस के क़ियाम के वक़्त जामिआ' उर्दू में मयकश साहब ने अपना सहयोग दिया। ये सहयोग बा'द के वर्षों में भी जारी रहा। बज़्म-ए-इक़बाल और बज़्म-ए-नज़ीर की आपने ता-हयात सर-परस्ती फ़रमाई।

हज़रत मयकश अकबराबादी साहब वहदतुल-वुजूद के पैरोकार थे। शैख़ इब्न-ए-अ'रबी के हवाले से वह फ़रमाते हैं:

"सूफ़ी, ख़ुसूसन शैख़-ए-अकबर इब्न-ए-'अरबी के मानने वाले सूफ़िया का मस्लक ये है कि ज़ाहिर-ओ-बातिन ख़ुदा के सिवाए कोई मौजूद नहीं है। ये दिखाई देने वाला आ'लम जो ख़ुदा का ग़ैर महसूस होता है और जिसे मा-सिवा कहते हैं, मा-सिवा नहीं है। न ख़ुदा के अ'लावा और ग़ैर है बल्कि ख़ुदा का मज़हर है। ख़ुदा अपनी ला-इंतिहा शानों के साथ इस आ'लम में जल्वा-गर है। ये ग़ैरत-ओ-कसरत जो महसूस होती है हमारा वह्म और सिर्फ़ हमारी अ'क़्ल का

क़ुसूर है। या'नी हमने उसे ग़ैर समझ लिया है दर-हक़ीक़त ऐसा नहीं है। हज़रत इब्न-ए-अ'रबी ने कहा है "अल-हक़्क़ु महसूसुन-अल-ख़ल्क़ु मा'क़ूलुन" या'नी जो कुछ महसूस होता है और हमारे हवास जिसको महसूस करते हैं वो सब हक़ ही है। अलबत्ता हम जो कुछ समझते थे वो मख़्लूक़ है या'नी मख़्लूक़ हमारी अ'क़्ल ने फ़र्ज़ कर लिया है दर-हक़ीक़त ऐसा नहीं है।"

हज़रत मयकश अकबराबादी ने जीवन भर इन सिद्धांतों पर अमल किया। उन्होंने हिन्दू धर्म का भी गहन अध्ययन किया था। वेदांत पर अपने एक लेख में हज़रत मयकश अकबराबादी फ़रमाते हैं:

"हिंदू तहज़ीब दुनिया की क़दीम-तरीन तहज़ीबों में से एक है। हिंदू क़दीम अदब के मुताले' से ये वाज़िह हो जाता है कि एक क़ौम किस तरह अपना ज़ेहनी सफ़र शुरू करती है और हैरत, इस्ति'जाब,शक और ख़ौफ़ बहुत सी हालतों से गुज़र कर सदाक़त और हक़ के एहसास तक पहुँच जाती है।वेदों से ले कर उपनिषदों तक हमें उन सारे मराहिल और मंज़िल के निशान वाज़िह तौर से मिल जाते हैं। उपनिषद चूँकि वेदों का आख़िरी हिस्सा है इसलिए उन्हें वेदांत कहते हैं।

संहिता या'नी चारों वेदों के बा'द जो किताबें वेदिक अदब में क़ाबिल-ए-एहतिराम हैं वो बरहमन हैं और उसके बा'द आरण्य और उपनिषद।बरहमनों में ख़ास कर शतपथ बरहमन में ब्रह्म ने बे-हद अहमियत हासिल कर ली थी।ब्रह्म ब-तौर-आ'ला उसूल के है जो देवताओं के पस-ए-पर्दा क़ुव्वत-ए-मुतहर्रिका है। बरहमनों के बा'द आरण्य एक मख़्सूस ज़ेहनी तरक़्क़ी का इज़्हार करते हैं।उन में यज्ञ वग़ैरा वेदिक रस्मों के ख़िलाफ़ रद्द-ए-अ'मल शुरूअ' हो गया है और ज़ाहिरी रस्मों की बजाए फ़िक्र और मुराक़बों की तरफ़ रुजहान हो चला है। आरण्य के-बा'द उपनिषद आते हैं जिनमें से अकसर तौहीद पर और बा'ज़ सन्वियत और बा'ज़ कसरत पर मुशतमिल हैं।

उपनिषद इल्हामी वेद के आख़री हिस्से हैं इसलिए वेदांत कहलाते हैं।"

इसी लेख में हज़रत मयकश अकबराबादी आगे लिखते हैं -

"वेद का रास्ता फ़राईज़ और अ'मल का रास्ता है जिसे कर्म मार्ग कहते हैं लेकिन उपनिषद राह-ए-मा'रिफ़त की तरफ़ हिदायत करते हैं जिसे ज्ञान मार्ग कहते हैं। उपनिषदों की रू से आ'बिद-ओ-मा'बूद के दर्मियान कोई तअ'ल्लुक़ नहीं है।इ'बादत ख़ुदा के हुज़ूर में पेश नही होती है बल्कि सिर्फ़ सदाक़त-ए-आ'लिया की तलाश ही आ'ला-तरीन और इंतिहाई मक़्सद है।श्री शंकर ने कहा कि उपनिषद ऐसे आ'ला-तरीन इंसानों के लिए हैं जो दुनियावी और आसमानी बरकतों से बाला-तर हैं और जिनको वैदिक फ़राईज़ में कोई दिल-चस्पी नहीं रही। इसी क़िस्म के ख़यालात गीता में भी ज़ाहिर किए गए हैं।"

हज़रत मयकश अकबराबादी ने सत्तर से ज़्यादा विषयों पर लेख लिखे हैं। आप का दीवान भी प्रकाशित हो चुका है।

हज़रत मयकश अकबराबादी ने एक सच्चे सूफ़ी की तरह अपनी ज़िन्दगी गुज़ारी।उनकी जीवनशैली में कोई दिखावा या बनावटीपन नहीं था। यही सच्चाई उनके कलाम में दिखती है -

आज़ाद है कौनैन से वो मर्द-ए-क़लंदर
मयकश को न दे ताज-ए-बुख़ारा-ओ-समर्क़ंद

हज़रत मयकश अकबराबादी की शायरी एक सूफ़ी के अनुभवों का आईना-ख़ाना मालूम होती है। सूफ़ी जीवन भर महाचेतना और महाचेतन को जोड़ने वाले धागे की गिरहें सुलझाने में लगा रहता है और जब ये गिरहें सुलझ जाती हैं तब उसका जीवन और दर्शन दोनों सरल हो जाते हैं। मयकश साहब के इस शेर में यही सरलता दिखती है -

जिस को तुम ख़ुद भी न समझो वो ज़ुबाँ है माना
सब समझते हों जिसे वो भी ज़ुबाँ है कि नहीं

हज़रत मयकश अकबराबादी ने 25 अप्रैल सन् 1991 ई'स्वी को आगरा में अपने हुज्रे में विसाल फ़रमाया।

आप ने 12 साल पहले ही अपनी तारीख़-ए-विसाल लिख कर मज्मूआ'-ए-कलाम "दास्तान-ए-शब" कत्बा-ए-क़ब्र के उ'न्वान के साथ शाए' कर दिया था।

जो फ़र्श-ए-गुल पर सो न सका जो हँस न सका जो रो न सका
इस ख़ाक पे इस शोरीदा-सर ने आख़िर आज आराम किया

आपके अ'क़ीदत-मंदों और मुरीदों की बड़ी ता'दाद पूरी दुनिया में मौजूद है। आप के प्रमुख ख़ुलफ़ा हैं -

हज़रत सय्यद मुअ'ज़्ज़म अ'ली शाह उ'र्फ़ मोहम्मद शाह क़ादरी नियाज़ी

हज़रत सय्यद चिराग़ अ'ली क़ादरी (सज्जादा-नशीन, हज़रत शाह अ'ब्दुल्लाह बग़दादी रहमतुल्लाह अ'लैह)

जनाब प्रोफ़ेसर उ'न्वान चिश्ती (प्रोफ़ेसर जामिया मिल्लिया इस्लामिया दिल्ली, मशहूर अदीब-ओ-शा'इर)

जनाब प्रोफ़ेसर मस्ऊ'द हुसैन निज़ामी (बरेली शरीफ़, यू.पी।)

जनाब क़ासिम अ'ली नियाज़ी (हैदराबाद, पाकिस्तान) आदि

हज़रत की याद में आपके जाँनशीन हज़रत अमजल अ'ली शाह साहिब क़ादरी नियाज़ी ने सन् 1994-1995 ई. में बज़्म-ए-मयकश की स्थापना की जो उर्दू अदब की ख़िदमत करने वाली शख़्सियात को सम्मानित करता है। यह इदारा किताबें भी प्रकाशित करता है।

हज़रत मयकश अकबराबादी अपने समकालीन शा'इरों की नज़र में -

"उनके चेहरे पर, पाकीज़गी-ए-अख़्लाक़ और तहारत-ए-नफ़्स की इस क़द्र शीरीनी है कि जब उनकी तरफ़ निगाह हो तो मेरे मुँह में क़ंद की डलियाँ घुलने लगती हैं।

वो मशाइख़-ए-आगरा में से हैं। न किसी को मुरीद बनाते हैं न किसी की नज़्र क़ुबूल करते हैं।

दुनिया की दो तारीख़ी हकलाहटें हैं एक तो मूसा की हकलाहट थी जिस पर अल्लाह मियाँ को प्यार आता था। एक मसीह-ए-मय-कश की हकलाहट है, जिस पर मुझे अल्लाह मियाँ के नुमाइंदा-ए-ख़ुसूसी को प्यार आता है। मेवा कटरे में उनका घर है। बाला-ख़ाने पर रहते हैं। ज़ीना दिन के वक़्त भी घुप रहता है।क्यूँ न हो कि ज़ुलमात तय कर के हैवान-ए-नातिक़ तक रसाई होती है।"

जोश मलीहाबादी

(जोश मलीहाबादी, हज़रत मयकश अकबराबादी के समकालीनों में उनके सब से क़रीबी थे। जब भी जोश साहब का आगरा आना होता था, वह हज़रत मयकश अकबराबादी के घर पर ही ठहरते थे)।

जोश साहिब ने अपने एक ख़त में मयकश अकबराबादी को बिरादर-ए-ज़ेहनी और रफ़ीक़-ए-रुहानी कह कर मुख़ातिब किया है। बाग़-ए-लखनऊ से 7 मई 1941 ई'स्वी को लिखे जाने वाले एक ख़त में जोश साहिब कहते हैं-

"उनका नाम है मोहम्मद अ'ली शाह, और तख़ल्लुस है मयकश, लेकिन मय को हाथ लगाने की तौफ़ीक़ उन्हें आज तक नहीं हुई।मैंने उन पर जो रुबाई' कही थी आप भी सुन लें-

हज़रत का है ,दुनिया से निराला दस्तूर
बातिन में तही-दस्त, ब-ज़ाहिर फ़ग़फ़ूर
मय-कश है तख़ल्लुस, और मय से है गुरेज़

बर-अ'क्स नेहंद नाम-ए-ज़ंगी काफ़ूर

उनका बेटा फ़ल्सफ़े का एम.ए. है, लेकिन सद-हैफ़ कि बाप का तसव्वुफ़, बेटे की तफ़लसुफ़ को निगल चुका है। तंसीख़-ए-ज़मीन-दारी ने, लाखों ज़मीन-दारों के मानिंद, उनके दिल को भी बुझा कर रख दिया है मगर मुँह से उफ़ तक नहीं करते हैं और अपनी क़दीम वज़्अ'-दारी को निभाते चले जा रहे हैं।

1967 ई'स्वी में, उनसे मिलने आगरे गया था। अब रह क्या गया है आगरे में। ताज-महल और मयकश के अ'लावा। दोनों को जी भर के देखा और इस तरह देखा कि शायद ये आख़िरी दीदार हो।"

"जिस महफ़िल में मयकश मौजूद हों उस में, मैं सदारत करूँ ये मुझे गवारा नहीं।"

जिगर मुरादाबादी

"आज मयकश से मुलाक़ात में महसूस हुआ हिंद में साहिब-ए-इ'रफ़ान अभी बाक़ी हैं।लाख बर्बाद सही फिर भी ये वीराँ तो नहीं।इस ख़राबे में कुछ इन्सान अभी बाक़ी हैं।"

आल अहमद सुरूर

हज़रत मयकश अकबराबादी का कलाम पहली बार देवनागरी में हिन्दी पाठकों के समक्ष पेश करते हुए हमें अत्यंत ख़ुशी हो रही है।हमें उम्मीद है कि सूफ़ीनामा की यह पेशकश आप को पसंद आएगी।

- सुमन मिश्र

क्रम सूची

हम्द-ओ-ना'त

मंक़बत

कलाम

ग़ज़ल

नज़्म

फ़ारसी कलाम

सलाम

रुबाई

हम्द-ओ-ना'त

हुवल-अव्वल[1] हुवल-आख़िरु[2] के मा'नी हम ये समझे हैं
ख़ुदा[3] का जल्वा-ए-मख़्फ़ी[4] है तेरे रू-ए-रौशन[5] में

1 वही प्रथम है 2 वही अंत है 3 ईश्वर 4 छिपा हुआ जलवा 5 रौशन चेहरा

ज़माना बे-ख़ुद-ओ-सरशार[1] है आवाज़ से तेरी
अज़ान-ए-का'बा[2] के नग़मे हैं नाक़ूस-ए-बरहमन[3] में

1 आत्मलीन और बेसुध 2 का'बा की अज़ान 3 बरहमन का शंख

तु ही है हुस्न में शोख़ी तु ही है 'इश्क़ में गर्मी
तिरी शोरिश[1] है मूसा में तिरा जल्वा है ऐमन[2] में

1 शोर 2 घाटी जहाँ हज़रत मूसा ने ईश्वर का जल्वा देखा था

मंक़बत

अ'ली जलाल-ए-ख़ुदा[1] हैं अ'ली कमाल-ए-ख़ुदी[2]
अ'ली जमाल-ए-नबी[3] हैं ज़हे-जमाल-ए-नबी

1 ईश्वर का प्रताप 2 स्वाभिमान की पराकाष्ठा 3 नबी की ख़ूबसूरती

अ'ली मकीन-ओ-मकाँ[1] हैं अ'ली ज़मीन-ओ-ज़माँ[2]
अ'ली अ'याँ-ओ-निहाँ[3] हैं अ'ली ख़फ़ी-ओ-जली[4]

1 संसार और उसके निवासी 2 पृथ्वी और संसार 3 छिपा और प्रकट 4 3दृश्य और अदृश्य

ये क़ैद-ए-नाम-ओ-निशाँ[1] ला-इलाहा-इल्लल्लाह[2]
यहाँ अ'ली ही अ'ली हैं वहाँ अ'ली ही अ'ली

1 नाम-ओ-निशान की क़ैद 2 अल्लाह के सिवा कोई और पूज्य नहीं

अ'ली हुसैन के वालिद[1] अ'ली बतूल[2] के ज़ौज[3]
अ'ली नबी के वसी[4] हैं अ'ली ख़ुदा[5] के वली[6]

1 पिता 2 हज़रत फ़ातिमा ज़हरा 3 पति 4 जिसे वसीयत में उत्तराधिकारी के रूप में नामित किया गया हो 5 ईश्वर 6 दोस्त

अ'ली वो शेर-ए-इलाही[1] मुलूकियत दुश्मन[2]
जलाली[3] अ'ह्द[4] में जिस के चराग़ याद-ए-शही[5]

1 ईश्वर का शेर 2 राजसत्ता का दुश्मन 3 गौरवशाली 4 काल 5 बादशाही की याद

अ'ली का इ'ल्म[1] है जज़्ब-ओ-सुरूर-ओ-वज्द-ओ-हुज़ूर[2]
अ'ली का इ'ल्म नहीं बहस-ए-शीई'-ओ-हनफ़ी[3]

1 ज्ञान 2 ब्रह्मलीन होने की अवस्था 3 शीया और सुन्नी की बहस

है तेरी विला[1] 'अलामत-ए-दीं[2]
जो तुझ से फिरा हुआ वो नारी[3]

1 विलायत 2 धर्म की निशानी 3 नर्क में जाने वाला

तू नफ़्स-ए-रसूल[1] है सरापा
तफ़्ज़ील[2] की बहस ख़ाम-कारी[3]

1 रसूल की जान 2 हज़रत अली को पहले तीन ख़ुल्फ़ा से श्रेष्ठ मानना 3 नादानी

अव्वल[1] है तू ही तू ही है आख़िर
महदूद[2] नहीं है नूर-ए-बारी[3]

1 पहला 2 घिरा हुआ 3 अल्लाह का नूर

शाहों[1] से फ़ुज़ूँ[2] मिरा तजम्मुल[3]
या'नी तिरे दर का हूँ भिकारी

1 बादशाहों 2 अधिक 3 श्रृंगार

'मयकश' मिरा मर्तबा[1] न पूछो
हूँ पंजतनी-ओ-चार-यारी[2]

1 प्रतिष्ठा 2 हज़रत मोहम्मद, अली, फ़ातिमा, हसन, हुसैन और चार ख़लीफ़ा को मानने वाले

हुसैन शान-ए-कमाल-ए-मोहम्मद-ए-अ'रबी[1]
नबी[2] जमाल-ए-इलाही[3] हैं वो जमाल-ए-नबी

1 पैग़ंबर मोहम्मद के कमाल की शान 2 पैग़म्बर 3 ईश्वर का सौंदर्य

हुसैन जल्वा-ए-मुतलक़[1] हुसैन अर्श-मक़ाम[2]
हुसैन रूह-ए-इलाही[3] हुसैन सिर्र-ए-नबी[4]

1 संपूर्ण जल्वा 2 अर्श पर आसीन 3 ईश्वरात्मा 4 पैग़म्बर का भेद

हुसैन जिस के सबब कज[1] है बे-कसों की कुलाह[2]
हुसैन जिस से हुई आबरू-ए-तिश्ना-लबी[3]

1 टेढ़ा 2 टोपी 3 प्यासे रहने वालों की लाज

जो तेरी तरह मिटें हक़[1] पे वो हैं तेरे ग़ुलाम
वगर्ना क्या है तिरे ग़म में आह-ए-नीम-शबी[2]

1 सत्य 2 आधी रात की आह

क़तील-ए-ख़ंजर-ए-ला[1] है फ़ना-ए-ज़ात[2] है तू
तिरे हुज़ूर में हस्ती का होश बे-अदबी[3]

1 ला (नहीं) के ख़ंजर का शहीद 2 अस्तित्व का अंत 3 बदतमीज़ी

क़दम-क़दम पे मलक[1] मुझ पे भेजते हैं सलाम
रह-ए-फ़ना[2] में चला ले के में हुसैन का नाम

1 फ़रिश्ते 2 मृत्युमार्ग

ख़ुदा का नाम न लेता कोई ज़माने में
अगर न लेते दम-ए-ज़ब्ह[1] वो ख़ुदा का नाम

1 हलाल करते समय

भुलाए कैसे जनाब-ए-अनीस[1] को वो शख़्स
करे जो ज़िक्र-ए-इमाम[2] हुसैन-ए-'अर्श-मक़ाम

1 एक प्रसिद्ध कवि 2 बुलंद मक़ाम इमाम हुसैन का बखान

हुसैन हुसैन के ना'रों से दश्त-ओ-दर[1] गूँजे
कुछ इस ख़ुलूस[2] से उस ने लिया हुसैन का नाम

1 जंगल और घर 2 श्रद्धा

किसी से नक़्ल भी उस के कलाम की न बनी
वो बे-मिसाल सुख़नवर[1] वो मर्सिए[2] का इमाम

1 कवि 2 शोक-काव्य

अनीस तुम भी हो मद्दाह[1] आल-ए-'मयकश'[2] भी
सलाम तुम पे तुम्हारी तरफ़ से मुझ पे सलाम

1 प्रशंसक 2 मयकश की संतान

❁

सलाम आप के ज़ाहिर पे या शहंशाह-ए-हिन्द[1]
सुजूद[2] आप के बातिन[3] को या ग़रीब-नवाज़

1 भारत के राजा 2 सर झुकाना 3 भीतर

बग़ैर आप के बे-आईना था हुस्न-ए-अज़ल[1]
बग़ैर आप के बे-मुद्दआ'[2] था 'इश्क़-ए-मजाज़[3]

1 शाश्वत सौंदर्य 2 अनर्थ 3 मानव-प्रेम

हुए हैं आप की हस्ती में जम्अ' या-ख़्वाजा
ख़ुदा[1] का नाज़ नबी[2] का नियाज़[3] इलाही का राज़

1 ईश्वर 2 पैगम्बर 3 साक्षात

रही न शाही-ए-अकबर[1] न मुल्क-ए-'आलम-गीर[2]
रही हमेशा शहंशाही-ए-ग़रीब-नवाज़[3]

1 अकबर की बादशाही 2 आलमगीर का मुल्क 3 ग़रीब-नवाज़ की बादशाही

जहाँ[1] में है यही चर्चा कि आप का 'मयकश'
ख़राब-ए- हुस्न-ए-बुताँ[2] है अमीर-ए-ज़ुल्फ़-ए-मजाज़[3]

1 संसार 2 बुतों के हुस्न में बर्बाद 3 सांसारिक ज़ुल्फ़ का बादशाह

ख़ुदा[1] के नाम से रौशन है नाम-ए-'अब्दुल्लाह[2]
कलाम-ए-मुस्तफ़वी[3] है कलाम-ए-'अब्दुल्लाह[4]

1 ईश्वर 2 'अब्दुल्लाह का नाम 3 पैग़म्बर मोहम्मद की बात 4 'अब्दुल्लाह का कलाम

ये इब्न-ए-ग़ौस[1] हैं जान-ए-'अली[2] हैं सिब्त-ए-रसूल[3]
बुलंद सब से न हो क्यूँ मक़ाम-ए-'अब्दुल्लाह[4]

1 ग़ौस का बेटा 2 अली की जान 3 हज़रत मोहम्मद के नवासे 4 'अब्दुल्लाह का रुतबा

है का'बा-ए-दिल-ओ-जाँ[1] सज्दा-गाह-ए-जिन्न-ओ-मलक[2]
वो ख़ाक[3] जिस पे हुआ है क़ियाम-ए-'अब्दुल्लाह[4]

1 जान और दिल का का'बा 2 फ़रिश्ते और जन्नात के सज्दा करने कि जगह 3 मिट्टी 4 'अब्दुल्लाह का निवास

ख़ुदा[1] से भीक अदब की मैं माँग लेता हूँ
ज़बाँ पे मेरी जब आता है नाम-ए-'अब्दुल्लाह[4]

1 ईश्वर 2 'अब्दुल्लाह का नाम

फ़क़ीर आप के दर[1] का किसी से क्या माँगे
किसी के दर पे झुके क्यूँ ग़ुलाम-ए-'अब्दुल्लाह[4]

1 द्वार 2 'अब्दुल्लाह का ग़ुलाम

कहा है पीर-ए-मुग़ाँ[1] ने ये मुझ से ऐ 'मयकश'
बहुत है तेरे लिए दुर्द-ए-जाम-ए-'अब्दुल्लाह[4]

1 धर्मगुरु 2 'अब्दुल्लाह के जाम का तलछट

ऐ चारा-ए-हर-मुब्तला[1] हज़रत सिराज-उस-सालिकीन[2]
मुश्किल-कुशा[3] मुश्किल-कुशा हज़रत सिराज-उस-सालिकीन

1 हर पीड़ित का 'इलाज 2 शाह मुहिउद्दीन अहमद 3 मुश्किल को दूर करने वाले

हैं जम्अ' ज़ात-ए-पाक[1] में जुमला कमालात-ए-'उलूम[2]
ऐ मज़हर-ए-ज़ात-ए-ख़ुदा[3] हज़रत सिराज-उस-सालिकीन

1 पाक ज़ात 2 ज्ञान की संपूर्णता 3 ईश्वर अस्तित्व के प्रकट होने का स्थान

छाया हुआ हर आन वो अल-फ़क़्रो-फ़ख़्री[1] का समाँ
ऐ 'ऐन-ए-ताज-उल-आलिया[2] हज़रत सिराज-उस-सालिकीन

1मैं अपनी ग़रीबी पर फ़ख़्र करता हूँ 2औलिया के ताज

ऐ वारिस-ए-'इल्म-ए-नबी[1] ऐ वाक़िफ़-ए-राज़-ए-'अली[2]
इब्न-ए-'अली-ए-मुर्तज़ा[3] हज़रत सिराज-उस-सालिकीन

1 नबी के ज्ञान का वारिस 2 हज़रत अली के भेद जानने वाला 3 हज़रत 'अली की औलाद

जो चीज़ की जिस ने तलब[1] बख़्शी वो उस को बे-सबब
अब्र-ए-करम[2] बहर-ए-सख़ा[3] हज़रत सिराज-उस-सालिकीन

1 खोज 2 बख़्शिश का बादल 3 उदारता का समुन्दर

ऐ ऐ'न-ए-हक़[1] ऐ'न-ए-नबी[2] ऐ'न-ए-'अली-ए-मुर्तज़ा[3]
सुनिए मिरी फ़रियाद[4] या हज़रत सिराज-उस-सालिकीन

1 ईश्वर सार 2 पैग़ंबर सार 3 अली सार 4पुकार

कलाम

ऐ फ़ित्ना-ए-हर-महफ़िल[1] ऐ महशर-ए-तन्हाई[2]
ले फिर तिरा नाम आया ले फिर तिरी याद आई

1 हर सभा का फ़ित्ना 2 एकांत की क़यामत

याँ शौक़ का हंगामा वाँ[1] शर्म की तन्हाई
वाँ सर न उठा उन का याँ[2] जान पे बन आई

1 वहाँ 2 यहाँ

तेरी निगह अव्वल दिल का नफ़स आख़िर
आग़ाज़-ए-शनासाई[1] अंजाम-ए-शकेबाई[2]

1 परिचित होने की शुरुआत 2 धैर्य का अंजाम

जिस तर्ह तिरे लब[1] पर 'उन्वान-ए-बहार[2] आया
इस शान से गुलशन में किस रोज़ बहार आई

1 होंट 2 वसंत ऋतु की चर्चा

तू राज़ का जल्वा है मैं राज़ हूँ जल्वे का
पैदा तिरी पिन्हानी[1] पिन्हाँ मिरी पैदाई

1 आंतरिक

होंगे न मुख़ातब[1] वो रुख़[2] फेर न लूँ क्यूँ मैं
जाता न रहे दिल से पिंदार-ए-शनासाई[3]

1 जिसको सम्बोधित किया जाए 2 चेहरा 3 परिचित होने का अभिमान

ये जहाँ भी तू है इस की आख़िरी मंज़िल भी तू
बानी-ए-महफ़िल[1] भी तू है ख़ातिम-ए-महफ़िल[2] भी तू

1 सभा का आयोजक 2 सभा-समापन करने वाला

आसमानों पर तिरा जल्वा ज़मीं पर तेरा नूर
पर्तव-ए-मा'बूद[1] भी तू बंदा-ए-कामिल[2] भी तू

1 ईश्वर की छाया 2 बेहतरीन बंदा

तू नज़र में हो तो तूफ़ाँ क्या है मौज-ए-बह्[1] क्या
क़ा'र-ए-दरिया[2] में भी तू ही है सर-ए-साहिल[3] भी तू

1 समुंद्र की लहर 2 नदी की गहराई 3 किनारा

तू मआल-ए-आ'शिक़ी[1] है तू कमाल-ए-हुस्न[2] है
शम्-ए'-महफ़िल[3] भी है तू परवाना-ए-महफ़िल[4] भी तू

1 'आशिक़ी का अंजाम 2 हुस्न की पराकाष्ठा 3 महफ़िल का चराग़ 4 महफ़िल का परवाना

जिस की यज़्दाँ[1] को तमन्ना जिस की 'आलम[2] को तलाश
वो सुरूर-ए-जाँ[3] भी तू है वो सुकून-ए-दिल[4] भी तू

1 ईश्वर 2 संसार 3 जान का आनंद 4 दिल का सुकून

या मोहम्मद तेरा 'मयकश' तेरी महफ़िल तेरा जाम
हासिल-ए-मस्ती[1] भी तू है मस्ती-ए-हासिल[2] भी तू

1 मस्ती की उपलब्धि 2 उपलब्धि की मस्ती

ज़ुल्म करते हैं वफ़ा हो जैसे
या वफ़ाओं का सिला हो जैसे

यूँ मेरी सम्त न देखा उस ने
मुझ को ही देख रहा हो जैसे

उन का अंदाज़-ए-ख़मोशी[1] अल्लाह[2]
अभी कुछ मुझ से कहा हो जैसे

1.ख़ामोशी का अंदाज़ 2 ईश्वर

कुछ नहीं फिर भी है सब कुछ ये जहाँ[1]
उन का नक़्श-ए-कफ़-ए-पा[2] हो जैसे

1 संसार 2 तलवा का चिन्ह

ऐसी क्या शय[1] थी मोहब्बत की नज़र
हम ने कुछ जुर्म किया हो जैसे

1 चीज़

ये भी इक तर्ज़-ए-करम[1] है 'मयकश'
ज़ाहिरन[2] मुझ से ख़फ़ा[3] हो जैसे

1 उपकार का तरीक़ा 2 देखने में 3 नाराज़

शब-ए-फ़ुर्क़त[1] की तारीकी[2] में शामिल है ग़ुबार अपना
उसी सहरा[3] में खोया 'इश्क़ ने 'अह्द-ए-बहार[4] अपना

1 जुदाई की रात 2 अँधेरा 3 जंगल 4 बसंत ऋतु का समय

मिटा गुलशन तो उठ कर ख़ाक-ए-गुल[1] से हम कहाँ जाते
जहाँ गुलशन था पहले अब वहीं पर है मज़ार[2] अपना

1 मिट्टी का फूल 2 क़ब्र

तिरे जल्वों में गुम हूँ या तिरी फ़ुर्क़त[1] में मिट जाएँ
ये हम समझे हुए हैं है फ़ना[2] अंजाम-ए-कार[3] अपना

1 जुदाई 2 नष्ट 3 काम का अंजाम

हुजूम-ए-यास[1] में बे-गानगी[2] का शिकवा किस से हो
न हम अपने न दिल अपना न जाँ अपनी न यार अपना

1 ना-उमीदी का हुजूम 2 अनजानापन

कहाँ अब वो सुरूर-ए-दौर-ए-अव्वल[1] बज़्म-ए-हस्ती[2] में
जिसे कहते हैं दुनिया है वो ऐ 'मयकश' ख़ुमार[3] अपना

1 पहले ज़माने की मस्ती 2 संसार 3 नशा

तुम दिल हो तमन्ना का तुम दिल की तमन्ना हो
तुम कैफ़[1] हो दुनिया का तुम कैफ़ की दुनिया हो

1 मस्ती

हस्ती मिरी मिटती हो सूरत तिरी जमती हो
मैं जान से जाता हूँ तू दिल में समाता हो

है मेरे जुनूँ में कुछ जज़्ब-ए-नज़र[1] लेकिन
जब तुम हो तमाशाई फिर क्यूँ न तमाशा हो

1 नज़रों की कशिश

तुम दिल की मसर्रत[1] हो तुम नूर[2] हो आँखों का
तुम ज़ीनत-ए-ख़ल्वत[3] हो तुम अंजुमन-आरा[4] हो

1 ख़ुशी 2 रौशनी 3 एकांत की शोभा 4 सभा की शोभा बढ़ाने वाला

याद आए तो 'मयकश' का कुछ ज़िक्र भी ऐ हम-दम[1]
इन मस्त निगाहों से जब कैफ़[2] बरसता हो

1 मित्र 2 मस्ती

बाग़ बनना उसे ज़ेबा[1] है न सहरा[2] होना
दिल की मेराज[3] है नाकाम-ए-तमन्ना[4] होना

1 उपयुक्त 2 जंगल 3 ऊपर चढ़ने का साधन 4 तमन्ना की असफलता

आप बे-पर्दा चले आइये मैं बज़्म में हूँ
मुझ को आता है नक़ाब-ए-रूख़-ए-ज़ेबा[1] होना

1 खूबसूरत चेहरे का नक़ाब

उम्र भर तेरी तवज्जोह[1] पे रही मौत-ओ-हयात[2]
क़त्ल करना तुझे आया न मसीहा[3] होना

1 ध्यान 2 मौत और ज़िन्दगी 3 जो मृतकों को जीवित करता हो

कारवाँ[1] ले के चले आते हैं गुज़रे हुए दिन
क्या क़यामत है मेरे वास्ते तन्हा होना

1 यात्रीदल

दिल में क़तरे के जो तूफ़ाँ है वो दरिया में कहाँ
वर्ना दुश्वार[1] न था क़तरे का दरिया होना

1 कठिन

क्या करूँ याद जो आ जाये वो मख़मूर[1] नज़र
वर्ना 'मयकश' मुझे क्या फर्ज़ था रुस्वा होना

1 मस्ती भरी नज़र वाला

क़ैद-ओ-इत्लाक़[1] का नक़ाब[2] उठा
बे-हिजाबी[3] उठा हिजाब उठा

1 क़ैद और आज़ाद 2 पर्दा 3 बे-पर्दा

किस अदा से तिरा हिजाब उठा
फ़र्क़-ए-तस्कीन-ओ-इज़्तिराब[1] उठा

1 सुकून और परेशानी का फ़र्क़

थी फ़ना[1] ही मिरा मक़ाम मगर
न रहे तुम भी जब हिजाब उठा

1 सूफ़ी साधना की एक अवस्था

हक़-ओ-बातिल[1] का इम्तियाज़[2] ये है
इमतियाज़ात के हिजाब उठा

1 सत्य और असत्य 2 अंतर

ख़ाक-सारी[1] भी है रिया-कारी[2]
हस्ती-ए-ग़ैर[3] का नक़ाब उठा

1 बहुत अधिक विनम्रता 2 ढोंग 3 ग़ैर का अस्तित्व

सब पे अफ़्सुर्दगी[1] हुई तारी
बज़्म[2] से 'मयकश'-ए-ख़राब उठा

1 उदासी 2 सभा

हम-नफ़स[1] इस चमन-ए-दह्र[2] में कम आते हैं
बू-ए-गुल[3] से कहो ठह्र अभी हम आते हैं

1 साथी 2 दुनिया 3 फ़ूल की ख़ुशबू

'आशिक़ों की सी तुझे ताब कहाँ है ऐ दोस्त
वर्ना मुझ को बहुत अंदाज़-ए-सितम[1] आते हैं

1 अत्यचार के ढंग

कम निगाही भी तिरी मस्लहत-आमेज़[1] न हो
दिल से नाले[2] मिरे लब[3] तक भी तो कम आते हैं

1 जिस में कोई भलाई छिपी हो 2 आह 3 होंट

तेरी नज़रों में तो कुछ सह्र[1] है ज़ालिम वर्ना
अपने क़ाबू में भी मुश्किल ही से हम आते हैं

1 जादू

क्या बरहमन में भी बाक़ी न रही बू-ए-वफ़ा[1]
आज क्यूँ लौट के का'बे[2] में सनम आते हैं

1 वफ़ा की ख़ुशबू 2 मक्के में स्थित मुसलमानों का पवित्रतम धर्मस्थल जहाँ मुसलमान लोग हज करने जाते हैं

ख़ूब था उन की तवज्जोह[1] का ज़माना 'मयकश'
अब तो शायद उन्हें हम याद भी कम आते हैं

1 ध्यान

ग़ज़ल

देखा तुझे तो खो गया अपने ख़याल में
क्या आईने की शान है तेरे जमाल[1] में

1 रूप

जल्वों में तेरे खो गई दुनिया निगाह की
आ'लम[1] में अब जमाल है आ'लम जमाल में

1 संसार

आईने में कहाँ वो तमन्ना की ज़ीनतें[1]
अपना जमाल देखिए मेरे ख़याल में

1 सजावट

माना कि है रक़ीब[1] भी तेरी ही इक जिहत[2]
लाज़िम है इम्तियाज़[3] जमाल-ओ-जलाल[4] में

1 प्रतिद्वंदी 2 आकार 3 अंतर 4 प्यार और क्रोध

रूठे तो उन पे छा गई कुछ और भी बहार
बैठे हुए हैं महवियत-ए-बे-ख़याल[1] में

1 बे-ख़याली की तल्लीनता

'मयकश' मिरे गुनाह की करामत[1] न पूछिए
वो ख़ुद है शम्अ'[2] मिरी शब-ए-इन्फ़िआ'ल[3] में

1 चमत्कार 2 चराग़ 3 लज्जा की रात

ख़ुदा[1] जाने दिल को मिरे क्या हुआ है
तुम्हीं से ख़फ़ा[2] है तुम्हीं पर फ़िदा है

1 ईश्वर 2 नाराज़

मैं ख़ुद मा'नी-ए-हुस्न[1] हूँ ऐ सितम-गर[2]
मगर कुछ जुदाई में तेरी मज़ा है

1 हुस्न का अर्थ 2 अत्याचारी

मिरा दिल है मर्कज़[1] तुम्हारे सितम[2] का
किसी पर किया तुम ने मुझ पर हुआ है

1 केंद्र 2 ज़ुल्म

न कुछ कह सका मैं न समझे वही कुछ
बहुत देर सोचा कि क्या मुद्द'आ[1] है

1 मतलब

है मरदूद-ए-दैर[1] और का'बे[2] से फ़ारिग़[3]
न मोमिन न काफ़िर ये दिल क्या बला है

1 मंदिर से तिरस्कृत किया हुआ 2 मक्के में स्थित मुसलमानों का पवित्रतम धर्मस्थल जहाँ मुसलमान लोग हज करने जाते हैं 3 आज़ाद

मैं हर फ़लसफ़े की हक़ीक़त हूँ 'मयकश'
मैं जिस में नहीं फ़ल्सफ़ा ही वो क्या है

वहशतों में दिल की जमइय्यत[1] का सामाँ हो गया
आदमियत से हुआ ख़ारिज[2] तो इंसाँ हो गया

1 सुकून 2 अलग

भर गईं आँखों में तेरी बज़्म[1] की रंगीनियाँ
मैं ने देखा जिस बयाबाँ[2] को गुलिस्ताँ[3] हो गया

1 सभा 2 जंगल 3 बाग़

इस अदा से मैं ने देखे दाग़ अपने ख़ून के
इक तमाशा रोज़-ए-महशर[1] उन का दामाँ हो गया

1 प्रलय का दिन

कर चुके बस तुम इलाज-ए-दर्द-ए-पिन्हाँ[1] कर चुके
हो गया तुम से इलाज-ए-दर्द-ए-पिन्हाँ हो गया

1 छिपे दर्द का 'इलाज

है ख़याल अंजाम[1] का ऐ तुफ़[2] बर-अंजाम-ए-ख़याल[3]
देख कर महफ़िल को मेरा जी परेशाँ हो गया

1 अंत 2 लानत 3 ख़याल के अंजाम पर

कौन है ऐसा पुजारी दैर में अब ऐ बुतो
क्या करोगे तुम अगर 'मयकश' मुसलमाँ हो गया

❁

सहते सहते ग़म मोहब्बत के ये हालत हो गई
हँस के बोला जो कोई उस से मोहब्बत हो गई

ख़ुश रहो दुनिया में तुम हम तो इसी में शाद हैं
तुम से मिल कर रो लिए हल्की तबीअ'त हो गई

शुक्र कीजे या शिकायत उस निगाह-ए-नाज़[1] की
जो इनायत[2] बन के आई और क़यामत हो गई

1 प्रेम भरी दृष्टि 2 उपकार

❁

मिट गया दिल हम तमाशा-ए-फ़ना[1] देखा किए
कर ही क्या सकते थे जो कुछ भी हुआ देखा किए

1 मरने का तमाशा

तुम न आए और तदबीर-ए-जुनूँ[1] ज़ाए"[2] हुई
हम तसव्वुर में तुम्हें आता हुआ देखा किए

1 दीवानगी का प्रयास 2 बेकार

जज़्बा-ए-दिल[1] की मगर तासीर उल्टी हो गई
हम तुम्हारा और तुम मुँह ग़ैर का देखा किए

1 दिल का भाव

बा'ज़[1] दिन ऐसा ही हो जाता है मेरा हाल कुछ
जाने क्या करता रहा मैं आप क्या देखा किए

1 कुछ

मैं ने पूछा ग़ैर के घर आप क्या करते रहे
हँस के फ़रमाया तुम्हारा रास्ता देखा किए

तेरी इस वहशत की ऐ 'मयकश' दवा भी है कहीं
इक न इक पुर-ग़श[1] तुझे मर्द-ए-ख़ुदा[2] देखा किए

1 किसी विषय में डूबा आदमी 2 ईश्वर का बंदा

जो किसी पे आप न कर सके मुझे उस जफ़ा[1] की तलाश है
रहे जिस से आप भी बे-ख़बर मुझे उस अदा की तलाश है

1 अत्याचार

जो तिरे जमाल[1] पे छा सके मुझे उस बक़ा[2] की है आरज़ू
तिरा हुस्न जिस में समा सके मुझे उस फ़ना[3] की तलाश है

1 सौन्दर्य 2 अस्तित्व 3 मिट जाना

है तमाम ख़्वाहिश-ओ-जुस्तजू[1] ये मिरे जुनून की इंतिहा
जो हुई थी तेरी निगाह से उसी इब्तिदा[2] की तलाश है

1 तलाश और इच्छा 2 आरंभ

मिरे होश में जो न आ सका जो मिरे जुनूँ से न जा सका
उसी बे-वफ़ा[1] की है जुस्तुजू उसी आश्ना[2] की तलाश है

1 जिसमें वफ़ा न हो 2 दोस्ती

कहा तू ने 'मयकश'-ए-मस्त को क्या ग़म कि तेरी निगाह में
उसी ग़म-ज़दा[1] की है जुस्तुजू उसी मुब्तला की तलाश है

1 दुःखी

क्यूँ हो नादिम तुम मिरी बर्बादियाँ होने के बाद
और अफ़्साना कोई ये दास्ताँ होने के बाद

खुल रही हैं मुझ पे वहशत की अदाएँ किस क़दर
क्या भला लगता है दामन धज्जियाँ होने के बाद

मिट गया आख़िर को मैं बे-इल्तिफ़ाती[1] से तिरी
हसरतें बढ़ती गईं नाकामियाँ होने के बाद

1 लापरवाही

कोई पूछे तो ख़ुदा-रा[1] आज उन्हें क्या मिल गया
किस क़दर ख़ुश हैं वो मेरे राज़दाँ होने के बाद

1 ईश्वर के लिए

दिल में आँखों से उतरना ही क़यामत हो गया
आप तो जाँ हो गए दिल में निहाँ[1] होने के बाद

1 गुप्त

क्या कहेगा कोई 'मयकश' अब ये खटका भी गया
हो गए आज़ाद हम बद-नामियाँ होने के बाद

दुनिया में कोई अहल-ए-नज़र[1] क्या रहा नहीं
वो सामने है और कोई देखता नहीं

1 अंतर्दृष्टि वाले

ऐसा भी इंक़िलाब जहाँ[1] में हुआ नहीं
दिन हो गया है और अँधेरा गया नहीं

1 संसार

तुम ने भी कुछ सुना है मिरे दिल का माजरा[1]
है हर ज़बाँ पे और किसी ने कहा नहीं

1 हाल-चाल

माना कि मैं ज़माने में मजबूर हूँ मगर
ये ख़ैर है कि तुम भी किसी के ख़ुदा[1] नहीं

1 ईश्वर

ईमान[1] है मिरा तिरी जन्नत[2] पर ऐ ख़ुदा
लेकिन ये मेरे ख़ून-ए-जिगर[3] का सिला नहीं

1 विश्वास 2 स्वर्ग 3 जिगर का ख़ून

'मयकश' मिरा बयान ज़माने ने सुन लिया
है जिस का ज़िक्र सिर्फ़ उसी ने सुना नहीं

मैं कुछ समझूँ या कुछ भी नहीं हुशियार हूँ या ग़ाफ़िल[1] मैं हूँ
रहरव[2] मैं हूँ रहज़न[3] मैं हूँ जादा[4] मैं हूँ मंज़िल मैं हूँ

1 अचेत 2 मुसाफ़िर 3 लुटेरा 4 रास्ता

ये मा'रका-ए-हुस्न-ओ-उल्फ़त[1] सुर्ख़ी है मिरे अफ़्साने की
मजनूँ मैं हूँ सहरा[2] मैं हूँ लैला मैं हूँ महमिल[3] मैं हूँ

1 हुस्न और प्यार की जंग 2 जंगल 3 ऊँट पर कसी जाने वाली काठी

तू क्या जाने तू क्या समझे रंग-ए-मज्लिस[1] दाब-ए-महफ़िल[2]
ज़ेबाइश-ए-यक-महफ़िल[3] तू है आवारा-ए-सद-महफ़िल[4] मैं हूँ

1 सभा का रंग 2 सभा के रीति-रिवाज 3 महफ़िल की सजावट 4 सैकड़ों महफ़िलों का आवारा

ये दर्द की सारी शक्लें हैं ये सोज़ की सारी शानें हैं
तू कुछ हो ऐ शम्अ'-ए-महफ़िल[1] लेकिन सारी महफ़िल मैं हूँ

1 सभा का दीया

मैं याद में तेरी रोता हूँ दुनिया मिरे हाल पे रोती है
बे-ताब-कुन-ए-यक-दिल[1] तू है बे-ताब-कुन-ए-सद-दिल[2] मैं हूँ

1 एक दिल को बेचैन करने वाला 2 सौ दिलों को बेचैन करने वाला

'मयकश' मिरे दम से बाक़ी है दुनिया में निशाँ माशूक़ों[1] का
हो जान कोई अफ़्साने की अफ़्साना-निगार-ए-दिल[2] मैं हूँ

1 प्यारों 2 दिल का अफ़्साना लिखने वाला

कैसे कह दूँ कि कोई ज़ीनत-ए-आग़ोश[1] न था
इक सुबूत उस का यही है कि मुझे होश न था

1 आलिंगन की शोभा

लज़्ज़त-ए-दर्द[1] ने दूरी को बनाया मंज़िल
वर्ना इस कैफ़[2] के 'आलम वो रू-पोश[3] न था

1 दर्द का स्वाद 2 मस्ती 3 गुप्त

जान देना ही था मक़्सूद[1] मोहब्बत में मुझे
आप समझे कि मोहब्बत में मुझे होश न था

1 लक्ष्य

था क़ियामत का न होना भी क़ियामत मुझ को
दिल सितम-कोश[1] था जिस दम वो सितम-कोश न था

1 ज़ुल्म करने वाला

हुजूम-ए-वा'ज़[1] में और बरसर-ए-मिंबर[2] अफ़्सोस
आज मस्जिद में मगर 'मयकश'-ए-मय-नोश[3] न था

1 उपदेशकों की भीड़ 2.मिम्बर पर 3 शराबी मयकश

ज़बाँ से मेरी क्या निकला तुम ऐसे सर-गराँ[1] क्यूँ हो
ख़मोशी जब बयाँ हो शिकवा-ए-तर्ज़-ए-बयाँ[2] क्यूँ हो

1 अप्रसन्न2 अभिव्यक्ति की शैली की शिकायत

तुम्हारे हुस्न का क़िस्सा हो या मेरी मोहब्बत का
जिसे दिल में छुपाएँ हम वो ज़ेब-ए-दास्ताँ[1] क्यूँ हो

1 किसी कहानी का सौंदर्य

अगर मिटना मुसल्लम[1] है तो तुझ पर क्यूँ न मिट जाये
तिरे होते हुए आख़िर ये दुनिया राएगाँ[2] क्यूँ हो

1 सिद्ध 2 बे-कार

अगर मसरूर[1] हो दिल से तो क्यूँ बेज़ार[2] हो मुझ से
अगर बेज़ार हो मुझ से तो दिल में मेहमाँ क्यूँ हो

1 ख़ुश 2 नाराज़

यक़ीं क्या हो गया तुम को मिरे दुनिया से जाने का
नहीं तो ये बता दो आज इतने मेहरबाँ क्यूँ हो

वो हस्ती जिस को कहिए 'इश्क़ 'अक्स-ए-हुस्न-ए-ज़ाती[1] है
नहीं जब दरमियाँ 'मयकश' तो उस से बद-गुमाँ क्यूँ हो

1 शारीरिक हुस्न की छाया

❁

मिला है मुझ को वो दिल जिस को ग़म की ख़ू सी है
वो आ गए हैं मगर फिर भी जुस्तुजू[1] सी है

1 तलाश

नज़र नज़र है फ़साना नफ़स[1] नफ़स अफ़्सोस
ये ख़ामोशी भी मगर तिरी गुफ़्तुगू[2] सी है

1 पल 2 बात-चीत

किसी से कह न सकूँ ख़ुद यक़ीं कर न सकूँ
इक इंतिज़ार सा है इक आरज़ू सी है

सबा[1] ही रास्ता भूली कि तूने याद किया
ये आज क्यूँ मिरी साँसों में तिरी बू सी है

1 पूर्वी हवा

सुकून दिल को किसी हाल में नहीं ऐ दोस्त
हुजूम-ए-यास[1] में भी इक आरज़ू सी है

1 ना-उमीदी का हुजूम

जुनूँ से रौनक़-ए-बज़्म-ए-ख़िरद[1] ऐ 'मयकश'
जो हम न हों तो दुनिया मक़ाम-ए-हू[2] सी है

1 अक़्ल की महफ़िल की रौनक़ 2 भयानक सन्नाटे की अवस्था

किस किस अदा से ज़ीनत-ए-कौन-ओ-मकाँ[1] रहे
हम गुल[2] बने बहार हुए बाग़बाँ[3] रहे

1 संसार की चमक दमक 2 फूल 3 माली

इस दर्जा दुश्मनी तो मुक़द्दर[1] की बात है
वर्ना वो एक उ'म्र मिरे राज़-दाँ[2] रहे

1 भाग्य 2 भेद जानने वाला

ऐ दिल तमाम रात कटी उन की याद में
अब दो घड़ी तो और कोई दास्ताँ रहे

मैं और एहतियात[1] मोहब्बत की राह में
ये कहिए वो तो ख़ुद ही मिरे पासबाँ[2] रहे

1 सावधानी 2 चौकीदार

है उस की ख़ाक[1] में मिरी उ'म्रों का रंग-ओ-बू
मेरा वतन इलाही[2] हमेशा जवाँ रहे

1 मिट्टी 2 मेरे ईश्वर

अहल-ए-हरम[1] वहाँ हैं यहाँ अहल-ए-दैर[2] हैं
अब किस से जा के पूछिए इंसाँ कहाँ रहे

1 मुसलमान 2 नास्तिक

हमें अच्छे नहीं लगते तमाशा देखने वाले
तजल्ली[1] ख़ुद न क्यूँ बन जाएँ जल्वा देखने वाले

1 नूर

ज़हे ऐ हैरत-ए-जल्वा[1] तुझी को मर्हबा कहिए
न जल्वा ही रहा बाक़ी न जल्वा देखने वाले

1 प्रेमिका के दर्शन से उत्पन्न निस्तब्धता

यही है अव्वल-ओ-आख़िर[1] मसर्रत[2] के फ़सानों का
सुन ऐ मेरी मुसीबत का तमाशा देखने वाले

1 आरंभ और अंत 2 ख़ुशी

मुझे बे-पर्दा कर के आप जा बैठा है पर्दा में
निकल पर्दे से ओ मेरा तमाशा देखने वाले

बर्बाद-ए-आरज़ू[1] को दीवाना कह दिया है
इक लफ़्ज़ कह के तुम ने अफ़्साना कह दिया है

1 जिसकी इच्छा बर्बाद हो गई हो

थे जिन को नाज़ वो भी मुश्किल में पड़ गए हैं
सब को तिरी नज़र ने बेगाना[1] कह दिया है

1 अजनबी

मैं नाज़िश-ए-जुनूँ[1] से दीवाना हो गया हूँ
जब उस ने तंग आकर दीवाना कह दिया है

1 मस्ती का गर्व

आज़ाद-ए-दो-जहाँ[1] हूँ हाँ तुम बुरा न मानो
मैं ने तो एक फ़िक़्रा-ए-रिंदाना[2] कह दिया है

1 इहलोक और परलोक से आज़ाद 2 फ़क़ीरों वाला वाक्य

आँखों ने तेरी की है गो रहज़नी[1] ही लेकिन
ख़ातिर से तेरी दिल को नज़्राना[2] कह दिया है

1 लूटपाट 2 उपहार

'मयकश' है और तर्क-ए-जाम-ओ-सुबू[1] कि आख़िर
आँखों ने तेरी राज़-ए-मय-ख़ाना[2] कह दिया है

1 शराब और प्याले का त्याग 2 शराब ख़ाना का भेद

कर के ख़राब 'इश्क़ को क्या कोई काम और है
बा'द निगाह-ए-मस्त[1] के लग़्ज़िश-ए-गाम[2] और है

1 मस्ती भरी नज़र 2 क़दमों की डगमगाहट

हश्र-ओ-बहिश्त[1] में भी ख़ैर वक़्फ़ा[2]-ए-चंद आह और
वर्ना अभी तो 'इश्क़ को ज़ौक़-ए-ख़िराम[3] और है

1 क़यामत और जन्नत 2 अन्तराल 3 इठलाती चाल का आनंद

क़हर[1] न कर तमाम अभी बात है ना-तमाम अभी
बा'द-ए-सलाम-ए-शौक़[2] के 'उज़्र-ए-सलाम और है

1 क्रोध 2 प्रेमपूर्ण अभिवादन

ऐ कि तिरी निगाह ने दिल को मिरे किया ख़राब
आ कि दिल-ए-ख़राब[1] में इक तिरा नाम और है

1 बर्बाद दिल

खोइए मुद्द'आ[1] कहाँ पाइए मुद्द'आ कहाँ
शान-ए-निगाह[2] और है तर्ज़-ए-कलाम[3] और है

1 दिल की इच्छा 2 नज़र की शान 3 बात करने का तरीक़ा

ज़ाहिद-ए-पाक-बाज़[1] हूँ 'मयकश'-ए-मय-नवाज़[2] हूँ
'इश्क़ के हर मक़ाम में मेरा पयाम[3] और है

1 पवित्र संयमी 2 मदिरा प्रेमी 3 संदेश

❁

यकसाँ[1] है मिरा दिल हरम-ओ-दैर[2] में ख़ुर्संद[3]
ख़ुद अपना ही बंदा हूँ मैं ख़ुद अपना ख़ुदावंद[4]

1 एक जैसा 2 का'बा और बुत-ख़ाना 3 संतुष्ट 4 ईश्वर

हाँ छेड़ दे मुतरिब[1] मिरी हस्ती का तराना
मैं हुस्न का मर्कज़[2] हूँ दिल-ए-इ'श्क़[3] की सौगंद

1 गवय्या 2 केंद्र 3 प्रेम का दिल

वो 'इश्क़ नहीं हूँ कि हो आहों में मुक़य्यद[1]
वो हुस्न नहीं हूँ कि हो जल्वों में नज़र-बंद

1 क़ैदी

हूँ लाला-ए-सहरा[1] की तरह ख़ानुमाँ[2] ब-दोश[3]
वो सर्व[4] नहीं जो किसी गुलशन का हो पाबंद

1 फूल की एक क़िस्म जो जंगलों में पैदा होता है 2 घर-बार 3 काँधे पर 4 एक लंबा और सीधा बृक्ष

क्या दख़्ल है ज़ाहिद[1] का मिरे दिल के हरम[2] में
ये क़स्र[3] नहीं जन्नत-ए-फ़िरदौस के मानंद

1 धर्म परायण लोग 2 का'बा 3 महल

आज़ाद है कौनैन[1] से वो मर्द-ए-क़लंदर[2]
'मयकश' को न दे ताज-ए-बुख़ारा-ओ-समरक़ंद[3]

1 लोक और परलोक 2 मस्त फ़क़ीर 3 बुख़ारा और समरक़ंद का ताज

तु अपना कारवाँ[1] ले चल न ग़म कर मेरे ज़र्रों[2] का
इन्हीं ज़र्रों से हो जाएगा फिर इक कारवाँ पैदा

1 पैदल यात्रियों का समूह 2 कण

हमारी सख़्त-जानी[1] से हुआ शल[2] हाथ क़ातिल का
सर-ए-मक़्तल[3] ही हम ने कर लिया दारुल-अमाँ[4] पैदा

1 दृढ़ निश्चयी 2 सुन्न होना 3 वध स्थल में 4 अमन और शान्ति का घर

वही है एक मस्ती सी वहाँ नज़रों में याँ दिल में
वही है एक शोरिश[1] सी वहाँ पिन्हाँ[2] यहाँ पैदा

1 अशांति 2 गुप्त

ज़रा तुम ने नज़र फेरी कि जैसे कुछ न था दिल में
ज़रा तुम मुस्कुराए हो गया फिर इक जहाँ पैदा

तवक़्क़ो'[1] है कि बदलेगा ज़माना लेकिन ऐ 'मयकश'
ज़माना है यही तो हो चुके इंसान याँ पैदा

1 आशा

ख़ुद ही मैं साक़ी[1] था ख़ुद मय-कश[2] था ख़ुद ही जाम[3] था
हाय वो दिन जब मिरे जल्वे थे तेरा बाम था

1 शराब पिलाने वाला 2 बहुत शराब पीनेवाला 3 शराब पीने का प्याला

मेरी कम-ज़र्फ़ी[1] कि तेरे सामने रोया किया
रंज में भी मुस्कुराया तो ये तेरा काम था

1 नीचता

दिल की बर्बादी में कुछ लज़्ज़त[1] ही थी वर्ना मुझे
आप से क्या काम होगा आप से क्या काम था

1 स्वाद

तेरी ख़ामोशी ने ख़ुद्दारी[1] सिखाई है मुझे
वर्ना दर्द-ए-'इश्क़[2] सर से पाँव तक पैग़ाम था

1 स्वाभिमान 2 प्रेम का दर्द

आज वो अंदाज़ भी तेरा क़यामत है मुझे
कल जो था दिल की मसर्रत[1] रूह का आराम था

1 ख़ुशी

किस तरह इस घर को ख़ाली देखिए जिस घर में कल
आप थे और आप का 'मयकश' था दौर-ए-जाम[1] था

1 शराब पीने का दौर

ये जहाँ[1] तुझ को फ़क़त वहम-ओ-गुमाँ लगता है
मुझ को हर ज़र्रा[2] यहाँ एक जहाँ लगता है

1 संसार 2 कण

पेच-ओ-ख़म[1] राह का रखता है परेशान तुझे
मुझ को ये भी ख़म-ए-गेसू-ए-बुताँ[2] लगता है

1 मोड़ और घुमाव 2 महबूब का केश

राह का संग है इक संग-ए-गराँ[1] तेरे लिए
मुझ को ये संग भी मंज़िल का निशाँ लगता है

1 भारी पत्थर

मेरी नज़रों में है ये अब्र-ए-बहारी[1] का सफ़ीर[2]
तुझ को छाया हुआ गुलशन पे धुआँ लगता है

1 बसंत ऋतु का मेघ 2 राजदूत

चाल से उन की चमक उठता है राहों का ग़ुबार
मुझ को हर रस्ता यहाँ काहकशाँ[1] लगता है

1 आकाशगंगा

और कुछ दम मिरी आग़ोश में ऐ 'अक्स-ए-शफ़क़[1]
तू मुझे नामा-बर[2] लाला-रूख़ाँ[3] लगता है

1 ऊषा की छाया 2 पत्रवाहक 3 फूल जैसे लाल और सुर्ख़ लोग

❁

ये माना ज़िंदगी में ग़म बहुत हैं
हँसे भी ज़िंदगी में हम बहुत हैं

तिरी ज़ुल्फ़ों[1] को क्या सुलझाऊँ ऐ दोस्त
मिरी राहों में पेच-ओ-ख़म[2] बहुत हैं

1 बाल 2 मोड़ और घुमाव

करूँ क्या शिकवा तेरी बे-रुख़ी का
कि दिल को बे-सबब[1] भी ग़म बहुत हैं

1 उदासीनता

मुझे कुछ साज़[1] है नश्तर[2] से वर्ना
मिरे ज़ख़्मों के याँ मरहम बहुत हैं

1 लगाव 2 घाव पर चीरा लगाने वाला औज़ार

क़फ़स[1] ये जान कर तोड़ा था मैं ने
क़फ़स को तोड़ कर भी ग़म बहुत हैं

1पिंजड़ा

करूँ क्या चारा इन आँखों का 'मयकश'
कि उन के सामने पुर-नम[1] बहुत हैं

1गीला ,आंसुओं से भरा

होश लाज़िम है ये मज्मा'[1] आम है
बाम है ऐ जल्वा-अफ़्गन[2] बाम है

1 भीड़ 2 दर्शन देने वाला

क्यूँ बयाँ करता है लज़्ज़ात-ए-सहर[1]
देख ऐ रहरव[2] अभी तो शाम है

1 सुब्ह का आनंद 2 मुसाफ़िर

हम को नाकाम-ए-मोहब्बत[1] क्यूँ कहो
मर्ग-ए-नाकामी[2] हमारा काम है

1 मोहब्बत में नाकाम 2 नाकामी की मौत

अब तो आ जाओ कि है सुब्ह-ए-फ़िराक़[1]
अब तो आ जाओ कि मेरी शाम है

1 जुदाई की सुब्ह

शाहिदों में भी इशारे हम पे हैं
आशिक़ों में भी हमारा नाम है

'आशिक़ी और अक़्ल की पाबंदियाँ
सच ये है 'मयकश' तुम्हारा काम है

कभी अहल-ए-जुनूँ[1] भी मस्लहत[2] से काम लेते हैं
तुम्हें जब याद करते हैं ख़ुदा[3] का नाम लेते हैं

1 दीवाना 2 भला बुरा देख कर काम करना 3 ईश्वर

वो मस्त-ए-नाज़[1] जब दुज़्दीदा[2] नज़रों से पिलाता है
ख़ुदी वाले भी दस्त-ए-बे-ख़ुदी[3] से जाम लेते हैं

1 अहंकारी महबूब 2 चुराई हुई 3 बेपरवाह हाथों से

रह-ए-उल्फ़त[1] में हर-हर गाम पर लग़्ज़िश[2] है 'मयकश' को
सुना ये है कि वो गिरते हुओं को थाम लेते हैं

1 मोहब्बत का रास्ता 2 फिसलना

हवा मुवाफ़िक़[1] नहीं बाग़-ए-जिनाँ[2] की
ख़बर ला दे कोई कू-ए-बुताँ[3] की

1 अनुकूल 2 स्वर्ग का बाग़ 3 महबूब का घर

सहर[1] से दिल नहीं ठहरा है मेरा
हवा आई थी क्या कहिए कहाँ की

1 सवेरा

क़यामत आ गई ऐ बेकसी[1] क्या
सफ़र में याद और कू-ए-बुताँ की

1 लाचारी

वो रोएँ वक़्त-ए-रुख़्सत[1] अब हमें क्या
रसाई[2] हाय आह-ए-ना-तवाँ[3] की

1 बिछड़ते हुए 2 पहुँच 3 कमज़ोर की आह

तिरे कूचे[1] की हो जाये तो अच्छा
ख़ुदा[2] जाने ये मिट्टी है कहाँ की

1 गली 2 ईश्वर

न पूछें आप हाल-ए-मर्ग-ए-'मयकश'[1]
अजब हालत हुई इस नौजवाँ की

1 मयकश की मौत की हालत

न पूछो किस लिए ज़ख़्म-ए-जिगर[1] को देखते हैं
इस आईने में तुम्हारी नज़र को देखते हैं

1 दिल के ज़ख़्म

दम-ए-फ़ना[1] पहली नज़र को देखते हैं
हम आज शाम में शामिल सहर[2] को देखते हैं

1 मृत्यु के समय 2 सुब्ह

कुछ इस तरह हुईं तक़्सीम[1] शोख़ियाँ इन की
हर एक ने यही समझा उधर को देखते हैं

1 विभाजन

शिकस्त-ए-दिल[1] का यहाँ अब ख़याल है किस को
तुम्हारी आँखों में कैफ़-ए-ज़फ़र[2] को देखते हैं

1 दिल का टूटना 2 कामयाबी का आनंद

कहाँ-कहाँ है ख़लिश[1] दर्द की मआ'ज़-अल्लाह[2]
कहाँ-कहाँ तिरी तिरछी नज़र को देखते हैं

1 क्लेश 2 अल्लाह की पनाह

बहुत बुलंद है मेरी निगाह ऐ 'मयकश'
वो और होंगे जो 'ऐब-ओ-हुनर[1] को देखते हैं

1 अवगुण और गुण

❄

मोहब्बत को मेरी ग़रज़ तुम से क्या है
तबी'अत का दिल की यही मुक़्तज़ा[1] है

1 मांग

ख़ुदा[1] जाने दिल को मिरे क्या हुआ है
तुम्हीं से ख़फ़ा[2] है तुम्हीं पर फ़िदा है

1 ईश्वर 2 नाराज़

तुम्हारा सितम ऐ'न मेरी मोहब्बत
किसी पर किया तुम ने मुझ पर हुआ है

जुनूँ मेरा दोनों जहाँ में मुसल्लम[1]
तुम्हें भी मगर छेड़ने का मज़ा है

1 सिद्ध

मुझे होने के हैं तो लाख शिकवे
क्या तुम से शिकवा ये अपना गिला है

मैं हर फ़लसफ़े की हक़ीक़त हूँ 'मयकश'
मिरे सामने हेच हर फ़ल्सफ़ा है

❁

मैं हूँ लाज़िम[1] उल्फ़त[2] को मुझको लाज़िम उल्फ़त है
मैं हूँ अपनी ज़रूरत से मुझ से मेरी ज़रूरत है

1 अनिवार्य 2 प्यार

बा'द हर इक नाकामी के बढ़ती है उम्मीद मगर
पहले तुम्हारा शिकवा था अब अपनी भी शिकायत है

तेरे सितम[1] का क्या शिकवा तेरे करम का क्या कहना
जब भी दिल में हसरत[2] थी अब भी दिल में हसरत है

1 जुल्म 2 इच्छा

बदला है ऐ शिकवा-ए-दिल[1] क्या मे'यार[2] तमन्ना का
वर्ना जैसी पहले थी अब भी उन की 'इनायत[3] है

1 दिल का शिकवा 2 मानक 3 कृपा

या ग़म में भी लज़्ज़त[1] थी या लज़्ज़त में भी है ग़म
जिस की मोहब्बत राहत थी उस का तसव्वुर आफ़त है

1 सुख

या वो ख़ुद भी 'मयकश' थे या अब 'मयकश' ख़ुद ही नहीं
किस से शुरूअ' उल्फ़त था किस पे मआल-ए-उल्फ़त[1] है

1 मोहब्बत का अंजाम

❄

एʼतिबार-ए-मंज़िल[1] क्या ज़ौक़-ए-जुस्तुजू[2] ही है
कामयाबी-ए-दिल[3] क्या कैफ़-ए-आरज़ू[4] ही है

1 मंज़िल का भरोसा 2 तलाश का आनंद 3 दिल की कामयाबी 4 इच्छा का आनंद

तर्क-ए-जुस्तुजू[1] कर के दिल का मुद्दआʼ[2] पाया
तर्क-ए-जुस्तुजू लेकिन फ़ैज़-ए-जुस्तुजू[3] ही है

1 तलाश छोड़ देना 2 इच्छा 3 तलाश का लाभ

आबरू जिसे कहिए कुछ नहीं ब-जुज़[1] पिंदार[2]
याँ[3] शिकस्त[4]-ए-हर पिंदार अपनी आबरू ही है

1सिवा 2 अभिमान 3 यहाँ 4 हार

जिस जगह नज़र ठहरे वो हिजाब[1] है उस का
दे नज़र को आज़ादी फिर वो रू-ब-रू[2] ही है

1 पर्दा 2 आमने सामने

ये फ़रेब-ए-तस्कीं[1] है तर्क-ए-आरज़ू[2] मालूम
तर्क-ए-आरज़ू 'मयकश' ये भी आरज़ू ही है

1 सुकून का धोका 2 इच्छाओं का त्याग

आ 'आशिक़ों में बैठ फ़ना 'आशिक़ों से सीख
ये हुस्न भी हिजाब[1] है ऐ बे-हिजाब-ए-हुस्न[2]

1 पर्दा 2 हुस्न का बे-पर्दा होना

तुझ से भी कुछ फ़ुज़ूँ है मिरा दिल से वास्ता
तू इंतिख़ाब-ए-'इश्क़[1] है दिल इंतिख़ाब-ए-हुस्न[2]

1 इश्क़ का चयन 2 हुस्न का चयन

विज्दान-ए-ज़ौक़ जल्वा[1] बग़ैर आईना नहीं
या'नी मिरी निगाह में देखो शबाब-ए-हुस्न[2]

1 आनंद की अनुभूति 2 हुस्न की जवानी

कहते हैं जिस को 'इश्क़ वो है हुस्न का नुज़ूल[1]
गोया नहीं सिवाए मोहब्बत हिजाब-ए-हुस्न

1 अवतरण

हम ने तुझे जो क़िब्ला-ए-उल्फ़त[1] बना दिया
ये हुस्न-ए-इंतिख़ाब है ऐ इंतिख़ाब-ए-हुस्न

1 मोहब्बत की दिशा

फिर रही है वो बज़्म[1] आँखों में
याद-ए-सोहबत[2] भी ख़ूब सोहबत है

1 सभा 2 सांगत की याद

पूछते हो क्या हो तुम कि मौत है क्या
वो भी इक ग़म-ज़दा[1] की हसरत[2] है

1 परेशान हाल 2 इच्छा

वो गए हश्र[1] जो उठाते थे
वो नहीं हैं तो क्यूँ क़यामत है

1 क़यामत

ऐ फ़ुसूँ[1] गर तिरा कमाल नहीं
दिल का देना हमारी 'आदत है

1 जादू

❁

चले जाओ उठा लूँगा मुसीबत रोज़-ए-फ़ुर्क़त[1] की
हुई तक़्सीर[2] ये मुझ से जो मैं ने तुम से उल्फ़त[3] की

1 जुदाई के दिन 2 कोताही 3 प्रेम

सलामत-बाश![1] ऐ लैला-ए-दिल[2] ऐ सोज़-ए-बे-हासिल[3]
तुझी से याद ताज़ा है हमारे अहद-ए-वहशत[4] की

1 सलामत रहो 2 दिल की लैला 3 लाभरहित जलन 4 तन्हाई का समय

तिरा चलना तिरा आना तिरा हँसना तिरी बातें
मिटा कर मुझ को छोड़ेंगी ये तस्वीरें क़यामत की

तुम्हीं को शौक़ नहीं कुछ मुझे सताने का
मिला है दिल तो यही रंग है ज़माने का

तुम्हारे हुस्न का शोहरा मिरे फ़साने से
तुम्हारे हुस्न से शोहरा मिरे फ़साने का

ग़रज़[1] कि अब किसी उ'न्वाँ[2] नहीं मुझे राहत
सुकूँ है नाम मिरे दिल के बैठ जाने का

1 संक्षेप में 2 प्रकार

हमें तो कोई हसीनों में बा-वफ़ा[1] न मिला
तुम्हारा ज़िक्र नहीं ज़िक्र है ज़माने का

1 वफ़ादार

मुझे भी अब तो तरद्दुद[1] है 'उज़्र-ए-वहशत में
निगाह-ए-मेहर[2] ने ख़ूँ कर दिया बहाने का

1 संकोच 2 प्रेम की नज़र

वो लाश 'मयकश'-ए-ना-काम-ए-नौजवाँ[1] की मिली
सितम है उफ़ ये नतीजा है दिल लगाने का

1 नाकाम नौजवान मयकश

तू ही है मेरा यक़ीं मेरा दीं मेरा शुहूद[1]
तिरे सिवा किसी शय[2] की नुमूद[3] है न वुजूद

1 प्रत्यक्ष होना 2 चीज़ 3 आविर्भाव

यक़ीं कुफ़्र पे काफ़िर को है तिरे न हुआ
तू ही हक़ीक़त बातिल[1] तू ही 'अदम[2] का वुजूद

1 झूठा 2 अनस्तित्व

हर एक सम्त तिरा रुख़ हर एक रुख़ तिरी ज़ात
करूँ मैं किस की तरफ़ पुश्त किस की सम्त सुजूद

जुनूँ को सज्दा-ए-बे-सर[1] मिरा मुबारक हो
वो तेरा जल्वा-ए-बे-सम्त[2] फिर हुआ मशहूद[3]

1 बे-असर सज्दा 2 दिशाहीन दर्शन 3 ज़ाहिर

निगाह फेर के मुझ से तुझे सुकूँ न मिला
तिरी नज़र की नज़र 'इश्क़ भी नहीं महदूद[1]

1 घिरा हुआ

वही है 'मयकश'-ए-नाकाम[1] तेरा दीवाना
रहा हरम से जो महरूम[2] दैर से मरदूद

1 नाकाम मयकश 2 वंचित

❁

तिरा सब कुछ यही दुनिया है मेरा क्या है दुनिया में
मुझे जाना है दुनिया से तुझे रहना है दुनिया में

हक़ीक़त का मैं जूया[1] और तू मुंकिर[2] हक़ीक़त का
जो ख़ुद दुश्मन हो अपना उस से क्या मौक़ा' शिकायत का

1 तलाश करने वाला 2इन्कार करने वाला

जो पाबंद-ए-हवस[1] हो राज़ क्या समझे मोहब्बत का
हवस की क़ैद से बाला है मे'यार[2] अपनी उल्फ़त[3] का

1 वासना का पाबन्द 2 कसौटी 3 प्रेम

तिरी हद्द-ए-नज़र[1] शाहिद-फ़रोशी[2] की दुकाँ तक है
मिरी परवाज़ की वुस'अत मकाँ से ला-मकाँ[3] तक है

1 दृष्टि की सीमा 2 महबूब का विक्रय 3 पवित्र स्थान

मैं हूँ पर्दे के अंदर और तू पर्दे को तकता है
है लैला मेरा मक़्सद और तुझे महमिल पे सकता है

जो शाहिद[1] हैं ज़माने के मिरी 'इस्मत[2] के शाहिद हैं
जो मस्जूद-ए-ज़माना[3] हैं वो मेरे दर पे साजिद[4] हैं

1 गवाह 2 आबरू 3जिसके सामने संसार नतमस्तक हो 4 सिर झुकाने वाला

हुस्न की तर्ह अगर 'इश्क़ नुमायाँ[1] होता
जितना नाज़ाँ है तू उतना ही पशेमाँ[2] होता

1 प्रकट 2 पछताने वाला

'इश्क़ मुम्ताज़ हवस से किसी उ'न्वाँ1 होता
काश दुश्मन न मिरी तर्ह पशेमाँ होता

1 प्रकार

क्या है गर मेरे जुनूँ में है नुमाइश[1] तेरी
तेरे जल्वों से जुनूँ मेरा नुमायाँ होता

1 दिखावा

ले गई दश्त[1] में वहशत ने ये एहसान किया
वर्ना हम रहते तो घर और बयाबाँ[2] होता

1 जंगल 2 जंगल

न मिरे हम ये तिरी आबरू रख ली हम ने
तेरे बीमार पे क्यूँ मौत का एहसाँ होता

❋

क्या क़यामत था वो जल्वा तिरी रा'नाई[1] का
तुझ से देखा न गया हाल तमाशाई का

1 सौंदर्य

तज़्किरा[1] फ़र्ज़ ही क्या है तिरी रा'नाई का
सच तो ये है कि मुझे शौक़ है रुस्वाई का

1 चर्चा

हैरत-ए-जल्वा[1] से छाया है अँधेरा हर सू[2]
तेरे जल्वों में है 'आलम शब-ए-तन्हाई[3] का

1 प्रेमिका के दर्शन से उत्पन्न निस्तब्धता 2 तरफ़ 3 तन्हाई की रात

मुझ को ग़ैरत कि तुम्हें देख रही है दुनिया
मुतमइन[1] तुम कि तमाशा है ये सौदाई का

1 संतुष्ट

मुतमइन हो गए कुछ देख के आईने में तुम
तुम्हें अंदाज़ कहाँ 'इश्क़ की गहराई का

दोस्त मसरूफ़-ए-परस्तारी-ए-ख़ुद[1] है 'मयकश'
मो'तबर[2] आज नहीं ज़ो'म[3] शनासाई[4] का

1अपनी पूजा में मस्त 2 विश्वसनीय 3विचार, अभिमान 4 दोस्ती

जाम का ए'तिबार[1] क्या काम-ओ-दहाँ[2] भी कुछ नहीं
दैर-ओ-हरम[3] को क्या कहूँ कौन-ओ-मकाँ[4] भी कुछ नहीं

1 भरोसा 2 तालू और मुंह 3 का'बा और बुत-ख़ाना 4 संसार

ये भी तिरी निगाह से वो भी तिरे ख़याल से
जोश-ए-जुनूँ[1] भी कुछ नहीं दर्द-ए-निहाँ[2] भी कुछ नहीं

1 दीवानगी का जोश 2 छिपा दर्द

तुम हो सुरूर-ए-दिल[1] सही तुम हो सुकून-ए-जाँ[2] मगर
ये मेरा दिल भी कुछ नहीं ये मेरी जाँ भी कुछ नहीं

1 दिल का सुरूर 2 जान का सुकून

कर के तबाह जान-ओ-दिल[1] दर्द-ए-निहाँ[2] मिला मुझे
आ गए पास तुम तो अब दर्द-ए-निहाँ भी कुछ नहीं

1 दिल और जान 2 छिपा दर्द

आप ही ख़ुद सँभाल ले आके हुदूद-ए-नाज़[1] को
हो गया गुम जो मैं तो फिर तेरा निशाँ भी कुछ नहीं

1 नाज़ की सीमाएं

ख़ुद मिरा मुद्द'आ[1] बता ख़ुद ही उसे क़ुबूल कर
मेरी दु'आ भी कुछ नहीं मेरी ज़बाँ भी कुछ नहीं

1 इच्छा

❁

सौदा नज़र का दर्द जिगर का कहाँ गया
ये आफ़तें भी साथ गईं मैं जहाँ गया

तन्हाई-ए-फ़िराक़[1] का क़िस्सा फ़ुज़ूल है
जब तू गया यहाँ से तो सारा जहाँ गया

1 जुदाई की तन्हाई

ऐ यास दश्त ही को जो मंज़िल बनाईए
अब याद-ए-कारवाँ[1] है अ'बस[2] कारवाँ गया

1 कारवाँ की याद 2 बेकार

पहचानता है मेरी नज़र को हर इक हसीं
मुझ पर बलाएँ टूट पड़ीं मैं जहाँ गया

उन की नज़र से कौन कहे दिल का माजरा[1]
ऐ हैरत-ए-ख़राबी-ए-दिल मैं कहाँ गया

1 हाल-चाल

वो दिन कि जब थी सोहबत-ए-'मयकश[1]' सुरूर-ए-दिल[2]
वो दौर वो ज़माना अब ऐ मेहरबाँ गया

1 मयकश की संगत 2 दिल का सुरूर

उस के आईना-ए-रुख़्सार[1] को देखा मैं ने
ऐ मोहब्बत तिरे मे'यार[2] को देखा मैं ने

1 गाल का आईना 2 कसौटी

रास्ते से कोई मतलब था न मंज़िल से ग़रज़[1]
साथ चल कर तिरी रफ़्तार को देखा मैं ने

1 मतलब

दो क़दम भी न मुसाफ़िर का दिया साथ उस ने
आप के साया-ए-दीवार[1] को देखा मैं ने

1 दीवार का साया

उ'म्र भर झूटी ख़ुशामद[1] की रही बात ऊँची
उ'म्र भर आप के दरबार को देखा मैं ने

1 चापलूसी

ज़िंदगी मेरे मसाइल[1] के सिवा और भी है
आप उस क़ुल्ज़ुम-ए-ज़ख़्ख़ार[2] को देखा मैं ने

1 समस्याएँ 2 उफान मारता समुद्र

कुछ बता मैं तो सही आप का 'मयकश' तो न था
आज इक काफ़िर-ए-दीं-दार[1] को देखा मैं ने

1 धार्मिक नास्तिक

❁

तिरा हिजाब उठाना है सिर्फ़ मेरा काम
अगर्चे है मिरी हस्ती तिरे हिजाब[1] का नाम

1 पर्दा

मिरे फ़ुसूँ[1] ने दिखाई है तेरे रुख़[2] की सहर[3]
मिरे जुनूँ ने बनाई है तेरी ज़ुल्फ़ की शाम

1 मंत्र 2 चेहरे 3 जादू

हर इक मक़ाम में होशियारियों की दाद न चाह
ये ग़फ़्लतें भी हैं अपनी जगह बड़ा इन'आम

तिरी निगाह की मस्ती से दिल है आवारा
हुआ ख़राब इसी मय-कदे[1] में मेरा जाम

1 शराब-ख़ाना

तिरे करम का बहुत शुक्रिया मगर ऐ दोस्त
बग़ैर फ़स्ल की बारिश है दिल को तेरा पयाम

फ़क़ीह[1] हेच[2] है 'मयकश' से तेरी हर हुज्जत[3]
वो आप अपना मुक़ल्लिद[4] है आप अपना इमाम

1 इस्लामी धर्मशास्त्र का विद्वान 2 तुच्छ 3 सबूत 4 अनुयायी

❁

वो चंद लम्हे जो गुज़रे हैं तेरी ख़िदमत में
न होते वो भी तो इस ज़िंदगी का क्या करते

हमें तो मर के भी रहना है याद में तेरी
न तेरी याद में जीते तो और क्या करते

मगर कि ज़ीस्त[1] का मक़्सद था आसरा तेरा
कि ज़ीस्त ख़त्म हुई तेरा आसरा करते

1जीवन

तू ख़ुद ही जान-ए-तमन्ना[1] है आरज़ू की बहार
तिरे निसार-ए-तमन्ना[2] भी तुझ से क्या करते

1 इच्छा की जान 2 इच्छाओं पर न्योछावर

मैं जान लेता मुझी में नहीं है जुर्अत-ए-'अर्ज़[1]
वो एक बार नज़र ही को आश्ना[2] करते

1 बात करने की हिम्मत 2 परिचित

❁

ये रंग-ओ-नूर भला कब किसी के हाथ आए
किधर चले हैं अंधेरे ये हाथ फैलाए

ख़ुदा[1] करे कोई शम्एँ[2] लिए चला आए
धड़क रहे हैं मिरे दिल में शाम के साए

1 ईश्वर 2 चिराग़

कहाँ वो और कहाँ मेरी पुर-ख़तर[1] राहें
मगर वो फिर भी मिरे साथ दूर तक आए

1 ख़तरनाक

चले चलो कि बता देगी राह ख़ुद रस्ते
कहाँ है वक़्त कि कोई किसी को समझाए

समझ के ग़ैर वो ख़ुश हैं तबाह करके हमें
और एक हम हैं कि ये बात कह के शरमाए

मैं अपने दिल को तो तस्कीन दे भी लूँ 'मयकश'
वो मुज़्तरिब[1] हैं बहुत कौन उन को समझाए

1 बेचैन

❁

कहीं बैठे तो दिल-बर्दाश्ता[1] से
फ़क़ीरों का मकाँ कोई नहीं है

1 उदास

सुना करते हैं हम यूँ सब की जैसे
हमारी दास्ताँ कोई नहीं है

जहाँ मैं हूँ वहाँ तू भी है ऐ दोस्त
जहाँ तू है वहाँ कोई नहीं है

बदल जाता है हर लम्हे वो काफ़िर
मक़ाम-ए-आ'शिक़ाँ[1] कोई नहीं है

1 प्रेमियों का स्थान

है मीर-ए-कारवाँ[1] हर इक यहाँ पर
कि मीर-ए-कारवाँ कोई नहीं है

1 क़ाफ़िले का अगुआ

मिरे ग़म के लिए इस बज़्म[1] में फ़ुर्सत कहाँ पैदा
यहाँ तो हो रही है दास्ताँ से दास्ताँ पैदा

1 सभा

मिरी 'उम्रें सिमट आई हैं उन के एक लम्हे में
बड़ी मुद्दत में होती है ये उ'म्र-ए-जावेदाँ[1] पैदा

1 अमरता

ये अपना-अपना मस्लक[1] है ये अपनी-अपनी फ़ितरत है
जलाओ आशियाँ तुम हम करेंगे आशियाँ पैदा

1 तरीक़ा

तू अपना कारवाँ[1] ले चल न कर ग़म मेरे ज़र्रों का
जलाओ आशियाँ तुम हम करेंगे आशियाँ पैदा

1 पैदल यात्रियों का समूह

ज़रा तुम ने नज़र फेरी कि जैसे कुछ न था दिल में
ज़रा तुम मुस्कुराए हो गया फिर इक जहाँ पैदा

तवक़्क़ो'[1] है कि बदलेगा ज़माना लेकिन ऐ 'मयकश'
ज़मान है यही तो हो चुके इंसान याँ पैदा

1 इच्छा

मिरे होश में वो ठहरे न कभी फिर होश के दिन ही बीत गए
वो आए गए तो बहुत लेकिन बे-रुत आए बे-रीत गए

अंजान से थे हम तुम दोनों फिर हम तुम दोनों एक हुए
अब ये भी नहीं और वो भी नहीं दोनों ही ज़माने बीत गए

कोई और तराना ऐ मुतरिब[1] अब इन गीतों को क्या गाना
वो धुन बदली वो सुर बदले वो साज़ हटे वो गीत गए

1 गवय्या

अब मिलने पर क्या पछतावा कुछ तुम भी झुके कुछ हम भी झुके
हारे तो दोनों हार गए जीते तो दोनों जीत गए

दुनिया खोई मज़हब[1] छोड़ा क्या ख़ूब मोहब्बत की 'मयकश'
अच्छे थे वही जो इस दुनिया में आए और बिन-प्रीत गए

1 धर्म

वज्ह-ए-नाराज़ी[1] तिरी ऐ मेहरबाँ खुलती नहीं
मेरे भी दिल है मगर मेरी ज़बाँ खुलती नहीं

1 नाराज़गी की वज्ह

तू ठहरता है तो हो जाती है दूभर ज़िंदगी
तेरी कैफ़ियत भी ऐ दर्द-ए-निहाँ[1] खुलती नहीं

1छिपा दर्द

मुंतज़िर[1] हूँ मैं कि शायद कुछ मुझे तस्कीन दे
सुन के मेरा हाल चश्म-ए-राज़-दाँ खुलती नहीं

1 प्रतीक्षारत

एक दम भाती नहीं बे-सोज़ बज़्म-ए-हुस्न-ए-गुल[1]
बर्क़[2] आ बैठे अगर बुलबुल नशेमन[3] में नहीं

1 फूल के हुस्न की सभा 2 रौशनी 3 आशियाना

दिल में बे-कैफ़ी है यूसुफ़[1] के जो दामन चाक है
दिल में वो कुछ है ज़ुलैख़ा[2] के जो दामन में नहीं

1 हज़रत या'क़ूब के बेटे हज़रत यूसुफ़ 2 मिस्र के बादशाह की पत्नी जो हज़रत यूसुफ़ पर मुग्ध हो गई थी

मेरे दिल का हाल तुम ख़ल्वत[1] में चल कर पूछना
बज़्म-ए-दुश्मन[2] की शिकायत बज़्म-ए-दुश्मन में नहीं

1 एकांत 2 दुश्मन की सभा

चंद आहें चंद क़तरे ख़ून के
था ये दिल का कारवान-ए-मुख़्तसर[1]

1 छोटा क़ाफ़िला

सुन चुके हो नाम से जो क़ैस के
थी वो मेरी दास्तान-ए-मुख़्तसर[1]

1 छोटी कहानी

वुसअत-ए-दिल और तमन्नाएँ तिरी
ये हुजूम[1] और आस्तान-ए-मुख़्तसर[2]

1 भीड़ 2 छोटा आस्ताना

इश्क़ और पाबंदी-ए-आदाब-ए-होश[1]
लाख झगड़े एक जान-ए-मुख़्तसर[2]

1 होश के शिष्टाचार की पाबंदी 2 छोटी सी जान

सुनते सुनते मेरी फ़रमाने लगे
इस को कहते हैं बयान-ए-मुख़्तसर[1]

1 छोटी बात

जो की तेरी तमन्ना तो तमन्ना थी मुझे ग़म की
तमन्ना से मगर साज़िश तिरी नज़रों ने क्या कम की

नहीं मौक़ूफ़[1] कुछ मिलने न मिलने पर तिरे ज़ालिम
मिरे दिल से न जाएगा ये फ़ितरत है तिरे ग़म की

1 निर्भर

तक़ाज़ा दर्द-ए-दिल[1] का है कि लेकर मुझ को उड़ जाए
जिसे कहते हैं नाला कोशिश-ए-नाकाम[2] है रम की

1 दिल का दर्द 2 नाकाम कोशिश

तुम्हें जब देखता हूँ चाहता है जी कि मिट जाऊँ
ख़ुदा जाने ये कैफ़िय्यत मसर्रत[1] की है या ग़म की

1 ख़ुशी

ख़लिश[1] ख़ार-ए-तमन्ना[2] की है वज्ह-ए-ज़िंदगी[3] मुझ को
वफ़ा का क्या करूँ शिकवा जफ़ा भी आप ने कम की

1चुभन 2 इच्छा का कांटा 3 ज़िंदगी की वज्ह

न छेड़ो साज़-ए-'इश्रत[1] और थोड़ी देर दम ले लो
न कर दे पस्त नग़मों को सदा 'मयकश' के मातम की

1 सुख की धुन

रोज़ तजदीद-ए-इल्तिफ़ात[1] कहाँ
अगले मौसम की सी वो बात कहाँ

1 कृपा का नयापन

हैं वही दिन मगर कहाँ वो दिन
है वही रात पर वो रात कहाँ

इक ज़रा मिल के रो लें और कि फिर
हम कहाँ तुम कहाँ ये रात कहाँ

तू ख़ुदा[1] ही सही मगर ब-ख़ुदा[2]
तुझ में इंसान की सी बात कहाँ

1 ईश्वर 2 ईश्वर की सौगन्ध

गो वही नग़्मा है वही मुतरिब[1]
दिल पे अगले सी वारदात कहाँ

1 गवय्या

मकतब-ए-आ'शिक़ी[1] में ऐ 'मयकश'
फ़ल्सफ़ा और दीनियात[2] कहाँ

1 प्रेम की पाठशाला 2 धार्मिक विद्या

हासिल-ए-'इश्क़[1] ग़म-ए-दिल[2] के सिवा कुछ भी नहीं
और अगर है तो सब उन का है मिरा कुछ भी नहीं

1 प्रेम का हासिल 2 दिल का ग़म

जिस पे बुनियाद[1] तमन्ना की रखी है दिल ने
उन के अंदाज़-ए-तख़ातुब[2] के सिवा कुछ भी नहीं

1 नींव 2संबोधन का तरीक़ा

कर दिया मस्त मेरी जुरअत-ए-रिंदी ने मुझे
वर्ना तेरे लब-ए-रंगीं का मज़ा कुछ भी नहीं

मैं न देखूँ तो तिरे हुस्न की क़ीमत क्या है
मैं न तड़पूँ तो ये अंदाज़-ए-जफ़ा[1] कुछ भी नहीं

1अत्याचार

इस अदा से मुझे बर्बाद किया है उस ने
कि गया कुछ भी नहीं और रहा कुछ भी नहीं

वक़्त के साथ बदल जाती है दुनिया 'मयकश'
जिस पे हम जीते थे वो 'अहद-ए-वफ़ा[1] कुछ भी नहीं

1वादे को पूरा करना

हुस्न हो गया आख़िर 'इश्क़-ए-राएगाँ[1] अपना
बन गया निशाँ उन का मिट के हर निशाँ अपना

1 बेकार इश्क़

मैं जहाँ से उठ्ठा हूँ ज़ौक़-ए-रंग-ओ-बू[1] ले कर
क्या हुआ जहाँ तेरा ढूँड अब निशाँ अपना

1 रंग और ख़ुशबू का स्वाद

इब्तदा-ए-जादा[1] पर फिर पलट के आ पहुँचा
कामयाब-ए-मंज़िल है आज कारवाँ[2] अपना

1 रास्ते का आरंभ 2 पैदल यात्रियों का समूह

हर क़दम उठाता है उन के चश्म-ओ-अबरू[1] पर
उन का आदमी निकला मीर-ए-कारवाँ[2] अपना

1 आँखें और भँवें 2 काफ़िले का अगुआ

किस तरह हुए रुस्वा हुस्न-ओ-'इश्क़ क्या कहिए
हुस्न उन का राज़-ए-दिल[1] राज़-ए-दिल 'अयाँ अपना

1 दिल का भेद

हाल-ए-आरज़ू[1] क्या है क्या बताएँ ऐ 'मयकश'
आँख फ़ित्ना-गर[2] उन की दिल है बे-ज़बाँ अपना

1 इच्छा का हाल 2 उपद्रवी

सहर-ए-चमन[1] में गुलों की हँसी भी काम आई
मगर नसीम की आशुफ़्तगी[2] भी काम आई

1 बाग़ की सुब्ह 2 परेशानी

महक रहा है तिरा हुस्न-ए-बे-रुख़ी[1] उस में
हमारे दिल की फ़सुर्दा[2] कली भी काम आई

1 उदासीनता का हुस्न 2 उदास

वो हुस्न देख लिया तुझ में जो न था तुझ में
मिरी निगाह की ना-आगही[1] भी काम आई

1 अनभिज्ञता

जुनूँ सही ये मिरा तर्क-ए-आरज़ू[1] लेकिन
मिरे जुनूँ में तिरी बे-रुख़ी[2] भी काम आई

1 इच्छा का त्याग 2 उदासीनता

वहाँ मिले वो जहाँ का मुझे गुमाँ भी न था
मिरा जुनून-ए-आवारगी[1] भी काम आई

1 आवारागर्दी का शौक़

मिरी तलब[1] से ज़्यादा मिला मुझे 'मयकश'
दम-ए-सवाल[2] मिरी ख़ामोशी भी काम आई

1 मांग 2 प्रश्न के समय

है एहसास-ए-ख़ुदी[1] सब को कोई मोमिन हो या काफ़िर
चला सब पर तिरा जादू पढ़ा सब ने तिरा मंतर

1 स्वाभिमान का एहसास

है तू बर्ग-ए-गुल-ए-ख़ूबी[1] ज़िया-ए-शम्अ'-ए-महबूबी[2]
मगर क्या कोई शय[3] देखी है तू ने दिल से नाज़ुक-तर

1 ख़ूबसूरत फूल का पत्ता 2 महबूब के चाराग़ की रौशनी 3 चीज़

जफ़ा[1] में मेहर[2] के आएँ वफ़ा को जौर से तज़ईं[3]
शरारत शर्म से रंगीं हया में शोख़ियाँ मुज़्मर[4]

1 अत्याचार 2मोहब्बत 3श्रृंगार 4 छिपा हुआ

दिया है मुद्दतों में 'इश्क़ ने वो दिल मुझे जो है
तिरी तंबीह से शादाँ[1] तिरी तस्कीन से मुज़्तर[2]

1 ख़ुश 2 परेशान

मिरी रिंदी का क़श्क़ा[1] है जबीन-ए-ज़ोह्द[2] पर 'मयकश'
कि हो कर ख़ाक-ए-मय-ख़ाना[3] रहा मैं 'इज़्ज़त-ए-मिम्बर[4]

1 तिलक 2 परहेज़गारी के पेशानी 3 शराबख़ाना की मिट्टी 4 मिम्बर(मस्जिद में वह ऊँचा स्थान जहाँ इमाम खुत्बा पढ़ता है) की इज़्ज़त

जो किसी पर आप न कर सके मुझे उस जफ़ा[1] की तलाश है
रहे जिस से आप भी बे-ख़बर मुझे उस अदा की तलाश है

1अत्याचार

जो तिरे जमाल[1] पे छा सके मुझे उस बक़ा[2] की है आरज़ू
तिरा हुस्न जिस में समा सके मुझे उस फ़ना की तलाश है

1हुस्न 2 अमरता ,स्थायित्व

है तमाम ख़्वाहिश-ओ-जुस्तजू[1] ये मिरे जुनून की इंतिहा
जो हुई थी तेरी निगाह से उसी इब्तिदा[2] की तलाश है

1 तलाश की इच्छा 2 आरंभ

मिरे होश में जो न आ सका जो मिरे जुनूँ से न जा सका
उसी बे-वफ़ा की है जुस्तुजू[1] उसी आश्ना[2] की तलाश है

1 तलाश 2 परिचित

कहाँ तू ने 'मयकश'-ए-मस्त[1] को किया गुम कि तेरी निगाह में
उसी ग़म-ज़दा[2] की है जुस्तुजू उसी मुब्तला[3] की तलाश है

1 मस्त मयकश 2 दु:खी 3 दुख से ग्रस्त

ये क्यूँ कहूँ कि नहीं आश्ना[1] ज़माने में
वही है कैफ़[2] है जिस को मिरे सताने में

1 परिचित 2 आनंद

ख़ुदा के नाम पे करते हैं हम बुतों से वफ़ा
न हो जो क़द्र वफ़ा की नहीं ज़माने में

हमारा सोज़[1] भी है ज़ेब हर बयाँ लेकिन
तुम्हीं हो जान-ए-फ़साना[2] हर इक फ़साने में

1 जलन 2 कहानी की जान

शिकन जबीं पे है और ज़ेर-ए-लब[1] तबस्सुम[2] है
नज़र में रहम तरद्दुद[3] है रहम खाने में

1 होंठ के नीचे 2 मुस्कुराहट 3 असमंजस

ख़लिश[1] तो थी मैं ख़लिश से मगर फ़ुज़ूँ[2] तड़पा
उसे भी आज मज़ा आ गया सताने में

1 चुभन 2 अधिक

है ख़ानक़ाह[1] में बे-जा तलाश 'मयकश' की
मिलेंगे आप को हज़रत शराब-ख़ाने में

1 सूफ़ियों के रहने का स्थान

ख़िज़ाँ[1] की तेग़[2] पे है ख़ून-ए-नस्तरन[3] बाक़ी
अभी है रंग-ए-चमन[4] निगहत-ए-चमन[5] बाक़ी

1 पतझड़ ऋतु 2 तलवार 3नस्तरन (एक फूल)का ख़ून 4 बग़ीचा का रंग
5 बग़ीचे की ख़ुशबू

बदल गया है चमन में मिज़ाज-ए-लाला-ओ-गुल[1]
है इक मुझी में तिरी बू-ए-पैरहन[2] बाक़ी

1 लाला(एक फूल) और फूल का मिज़ाज 2 पोशाक की ख़ुश्बू

हुआ ज़माना कि रस्ते हैं इ'श्क़ के वीराँ
न राह-रौ[1] ही कोई है न राहज़न[2] बाक़ी

1 मुसफ़िर 2लुटेरा

चले थे चंद क़दम ही वो मेरे साथ मगर
है आज तक रह-ए-उल्फ़त[1] में बाँकपन[2] बाक़ी

1 मोहब्बत का रास्ता 2 छैलापन

फ़साने क्या मिरी वारफ़्तगी[1] के ताज़ा हैं
नहीं तो ज़ुल्फ़-ए-बुताँ[2] में है क्यूँ शिकन बाक़ी

1 आत्मविस्मृति 2 महबूब की ज़ुल्फ़

मुझी को क़द्र-ए-ज़माना[1] नहीं है ऐ 'मयकश'
वगर्ना है तो ज़माने में क़द्र-ए-फ़न[2] बाक़ी

1 संसार का सम्मान 2 कला का मूल्य

नज़्म

ख़ुदावंदा[1] ये तेरे सादा-दिल बंदे किधर जाएँ
कि बे-दीनी[2] भी इक फ़ैशन है मज़हब भी रिया-कारी[3]

1 हे ईश्वर 2 नास्तिकता 3 ढोंग

बने बैठे हैं सब मा'बूद[1] अपने अपने हल्क़ों[2] में
नुमाइश का है तक़्वा[3] और तसन्नो'[4] की है मय-ख़्वारी[5]

1 ईश्वर 2 क्षेत्र 3 संगठन 4 बनावट 5 शराब-नोशी

ज़रूरी जान कर रोता है बेटा मर्ग-ए-मादर[1] पर
मगर समझा है उस को भी मोहर्रम की अ'ज़ा-दारी[2]

1 माँ की मौत 2 कर्बला के शहीदों का शोक मनाना या ग़म करना

मिली जमईयत-ए-ख़ातिर[1] भी सूफ़ी को तो महफ़िल[2] में
गवय्या अपनी ख़ल्वत[3] में जो गाया भी तो दरबारी

1 दिल का सुकून 2 सभा 3 एकांत

मिटे जाते हैं बाहम[1] 'आशिक़-ओ-मा'शूक़[2] उल्फ़त में
मगर स्टेज पर जिस तर्ईह करते हैं अदा-कारी

1 मिल जुल कर 2 प्रेमी और प्रेमिका

लिए फिरता है शौक़-ए-ख़ुद-नुमाई[1] सर प शाइ'र को
अभी चलना नहीं सीखा है ये फ़रज़ंद-ए-बे-कारी[2]

1 आत्म-प्रदर्शन का शौक़ 2 बेकारी का बेटा

❁

कल इक मुलाज़िम-ए-औक़ाफ़[1] मुझ से कहने लगे
हैं आप आ'लिम-ए-दीं[2] और तख़ल्लुस[3] इतना पस्त

1 दान की गई संपत्ति का सेवक 2 धर्म का जानकार 3 कवि का उपनाम

मिरे जवाब से पहले ही बोल उठे 'हाफ़िज़'
वो बादा-ख़्वार-ए-हक़ीक़त[1] वो मय-गुसार-ए-अलस्त[2]

1 हक़ीक़त में शराब पीने वाला 2 अलस्त (क़ुरआन की आयत मैं तुम्हारा रब हूँ) का शराबी

फ़क़ीह-ए-मज़हब-ए-मा-मस्त गश्त-ओ-फ़तवा दाद[1]
कि मय हराम वले बेह-ज़े-माल-ए-औक़ाफ़स्त[2]

1 हमारे धर्मगुरु ने मस्ती में ये फ़तवा दे दिया 2 शराब हराम है लेकिन ये दान में दिए गए माल से बेहतर है

फ़ारसी कलाम

मनम इमशब सना-ख़्वान-ए-मोहम्मद
सलातुल्लाह बर जान-ए-मोहम्मद

ब-गो हमदम कि बाज़ आमद शब-ए-ग़म
हदीस-ए-ज़ुल्फ़-ए-पेचान-ए-मोहम्मद

सलातम बाद बर ख़ूबान-ए-महवश
निहालान-ए-गुलिस्तान-ए-मोहम्मद

ब-देह साक़ी शराब-ए-सोज़-ए-उल्फ़त
ब-हक़्क़-ए-कैफ़-ए-चश्मान-ए-मोहम्मद

सिफ़त चूँ नीस्त ग़ैर-ए-ज़ात ऐ दिल
ख़ुदा ख़ुद हस्त क़ुरआन-ए-मोहम्मद

सबा ज़ीं 'मयकश'-ए-बीमार-ए-फ़ुर्क़त
दूआ'ए गो ब-मस्तान-ए-मोहम्मद

❁

अनुवाद

मैं आज रात हज़रत मोहम्मद की तारीफ़ कर
रहा हूँ और उन पर दुरूद और सलाम भेजता हूँ

मेरे प्यारे! फिर से दुःख-भरी रात आ गई
मेरे नबी के घंुघराले गेसुओं की बात करो

हज़रतमोहम्मदकेबाग़केसुंदरऔरनएपौधोंपरदुरूदऔरसलामहो

ऐ साक़ी! मुझे हज़रत मोहम्मद की मस्ती-भरी आँखों के सदक़े
ऐसी शराब पिला जो मेरी मोहब्बत के ग़म को और बढ़ाए

ऐ दिल! चूँकि गुण ईश्वर से अलग नहीं है,
ख़ुदा ख़ुद हज़रत मोहम्मद का क़ुरआन है

ऐ सबा! मोहब्बत के बीमार मयकश की दुआ
हज़रत मोहम्मद के मस्तानों तक पहुँचा

❁

ऐ कि अज़ जूद-ए-वजूदत हर वजूदे फ़ैज़याब
क़तरः क़तरः बह्रगश्त-ओ-ज़र्रः ज़र्रः आफ़ताब

सद-हिजाबात-ए-तअ'य्युन हस्ती-ओ-असमा-ए-मा
मा जुदाएम अज़ तू लेकिन चूँ हबाब अज़ मौज-ए-आब

अज़ सुकूतत बर सवाल-ए-वस्ल फ़ह्मीदेम मा
लन-तरानी बुद ज़े-मा मक़्सूद मूसा रा ख़िताब

रह्म फ़र्मा बर ग़रीब-ए-'मयकश'-ए-ख़स्तः-जिगर
बह्-ए-सिब्तैन-ओ-अ'ली-ओ-शाफ़े-ए'-यौम-उल-हिसाब

❁

अनुवाद

आपके आगमन से हर व्यक्ति धन्य है
हर बूंद समंुदर और हर कण सूरज हो गया है

तू सैंकड़ों पर्दे में छिपा है और हमारे नाम में ज़ाहिर है
हम तुझसे जुदा हैं जैसे बुलबुला पानी की मौज से जुदा होता है

सवाल-ओ-जवाब पर तुम्हारी चुप्पी से हमने ये समझा
कि तू ने हम से लंतरानी की और संबोधन मूसा से था

ग़रीब और बदहाल मयकश पर
अली, हसन, हुसैन और हज़रत मोहम्मद के सदक़े रहम फ़रमा

❁

रिहा गश्तम ज़े-हर-क़ैदे न गबरम ने मुसलमानम
न बे-क़ैदम न बा-क़ैदम न मन ईनम न मन आनम

नमी-ख़्वाहम विसाले रा कि अंजामश बुवद हिज्राँ
तुई ऐ दर्द-ए-दर्मानम तूई ऐ सोज़-ए-सामानम

ज़मीनम मन ज़मानम मन मकीनम मन मकानम मन
न मन आनम न मन ईनम न मन ईनम न मन आनम

❀

अनुवाद

मैं हर क़ैद से आज़ाद हूँ, न अग्नि-पूजक हूँ न मुसलमान
न मैं क़ैद हूँ न आज़ाद, न मैं ये हूँ, न वो हूँ

मुझे ऐसा मिलन नहीं चाहिए जिसका अंजाम विरह हो
तू ही मेरे दर्द का इ'लाज है, तू ही मेरे जलने का सामान है

मैं ही ज़मीन हूँ मैं ही समय हूँ, मैं ही मकीन हूँ मैं ही मकान हूँ
न मैं वो हूँ न मैं ये हूँ, न मैं ये हूँ न मैं वो हूँ

सुजूदे ब-आँ मस्त महशर ख़रामे
ज़-मय-कश ज़-रिंदे ज़-बर्बाद-कामे

ख़राबम अज़ाँ चश्म-ए-मय-गूँ ख़राबम
ब-साग़र ब-मीना ब-बाद: ब-जामे

ग़रज़ आफ़त-ए-जान-ए-महज़ून-ए-मा रा
ब-क़हरे ब-मुहरे सुकूते कलामे

नमाज़म हमीं बस कि दारम ख़याले
सुजूदे क़ु'ऊदे रुकूए' क़ियामे

जुनूनम ब-यफ़्ज़ूद इमरोज़ मय-कश
तबस्सुम निगाहे तमव्वुज ख़रामे

अनुवाद

उस मस्त क़यामत उठाने वाले महबूब की चाल को सज्दा
शराब पीने वाले, रिंद और बर्बाद इंसान का सज्दा

ऐसा लगता है कि मैं उन निगाहों से ही ख़राब हुआ हूँ
न कि सागर-ओ-मीना, शराब-ओ-जाम से

ग़रज़ कि हमारी दुःखी जान को
क्रोध, ख़ामोशी और सुकूत से उदास करता है

हमारी नमाज़ यही है कि मुझे हर समय
सज्दा, क़ुउद-ओ-रुकू और क़याम का ख़याल रहता है

ऐ मयकश! आज हमारे जुनून को
एक मुस्कुराती हुई नज़र और लहराती चाल ने बढ़ा दिया है

❁

क़िस्मते नीस्त ब-अग़यार ज़े-पैमानः-ए-मा
ला-इलाहास्त कलीद-ए-दर-ए-मय-ख़ानः-ए-मा

हस्त सोज़-ए-दिल मा मतला'-ए-दीवान-ए-वुजूद
दीन-दुनिया हमः हर्फ़ेस्त ज़-अफ़सानः-ए-मा

साकिनान-ए-हरम बे-ख़ुदी-ओ-सिर्र-ए-दिलेम
ब-गुज़र अज़ ख़्वेश बियाई-ए-चू बः-काशानः-ए-मा

न निहादस्त जबीं ग़ैरत-ए-मा पेश-ए-कसे
बा-दिल-ए-ख़्वेश मुसल्लम शुदः यारानः-ए-मा

मस्ती-ए-मास्त ज़े-फ़ैज़-ए-शह-ए-जीलाँ 'मयकश'
ऐ ख़ुशाबख़्त-ओ-ज़हे रिफ़'अत-ए-पैमानः-ए-मा

❁

अनुवाद

हमारे पैमाने में ग़ैर का कोई हिस्सा नहीं है,
हमारे मय-ख़ाने की चाबी ला-इलाह है

हमारे वुजूद के दीवान का मतला हमारा सोज़-ए-दिल है
दीन-ओ-दुनिया सब हमारे ही अफ़साने पर गुफ़्तुगू कर रहे हैं

हरम के निवासी मस्ती और मन के रहस्य से सरशार हो गए
अपने आप से गुज़र और हमारे घर की सम्त आ जा

हमारी ग़ैरत हमारे सर को किसी के आगे झुकने नहीं देती
हमारी दोस्ती अपने दिल के साथ मुसल्लम हो चुकी है

क्या ख़ुशनसीबी और बुलंदी है हमारे पैमाने की
कि हमारी मस्ती उस शह-ए-जीलान मयकश के फ़ैज़ से है

रबूद-जाँ पस-ए-दिल चश्म-ए-'उज्र ख़्वाह-ए-कसे
शिकायतेस्त ब-सद 'अफ़्व अज़ निगाह-ए-कसे

दिल-ए-फ़सुर्द:-ए-मा रा 'इलाज-ए-नीस्त तबीब
मगर निगाहे कसे ऐ ज़हे निगाहे कसे

बियार साक़ी अज़ आँ बाद:-ए-ख़ुदी-आमेज़
कि जल्व:हा ब-कुनम पेश-ए-जल्व:-गाह-ए-कसे

ब-गुफ़्तम ऐ मह-ए-मन बा-रक़ीबे मेह्र-ओ-करम
ब-गुफ़्त हस्त मरा मक़्सद इंतिबाह-ए-कसे

मगर कि मंज़िल-ए-'आलम यके अस्त ऐ 'मयकश'
ब-हर रहे कि ब-रफ़्तेम बुवद राह-ए-कसे

अनुवाद

किसी की शर्मिन्दा आँखें दिल के बाद हमारी जान ले गई
सैकड़ों मुआफ़ी के बाद भी हमें किसी की नज़रों से शिकायत है

हमारे उदास दिल का इलाज किसी वैद्य के पास नहीं है
इसका इलाज किसी की निगाह है उस निगाह का क्या कहना

साक़ी वहाँ से ख़ुदी सिखाने वाली शराब लाओ
मैं किसी और की जल्वा-गाह के सामने जल्वा-नुमा हूँ

मैं ने पूछा कि मेरे महबूब! रक़ीबों पे ये लुत्फ़-ओ-करम क्यों?
उसने कहा कि मेरा उद्देश्य किसी को सावधान करना है

मगर ऐ 'मयकश' दुनिया की मंज़िल एक है
हर राह किसी न किसी का रास्ता रही होगी

सलाम

सलाम-ए-'इश्क़[1] तुझे ऐ बहार-ए-ग़म-बीनी
तिरे निसार[4] मिरे अश्क-ए-ख़ूँ[5] की रंगीनी

1 'इश्क़ का सलाम 2 ग़म का मौसम 3 ग़म देखने वाले का आनंद 4 न्योछावर 5 ख़ून के आंसू

वो तेरा हल्क़-ए-बुरीदा[1] जमाल-ए-ख़ुद्दारी[2]
वो तेरा सज्दा-ए-आख़िर[3] कमाल-ए-ख़ुद-बीनी[4]

1 फटा गला 2 स्वाभिमान का सौन्दर्य 3 आख़िरी सजदा 4 आत्म प्रदर्शन का कमाल

वो तेरे टूटे हुए बाज़ुओं का रो'ब-ओ-जलाल[1]
लरज़ रही है खड़ी दूर फ़ौज-ए-बे-दीनी[2]

1 धाक और बड़ाई 2 नास्तिकों की फ़ौज

हुसैन कैसे ज़माने से साज़[1] कर सकते
कभी हुई है मोहब्बत से मस्लहत-बीनी[2]

1 मेल जोल 2 परिस्थिति को देख कर काम करना

है तेरे ख़ूँ से ख़द्द-ओ-ख़ाल[1]-ए-हुस्न में गर्मी
है तेरे ख़ूँ से मोहब्बत के ग़म में रंगीनी

1 शक्ल और सूरत

ग़ुलाम उस का हूँ 'मयकश' कि जम्अ' हैं जिस में
ख़ुदा-ओ-बंदा-ओ-ख़ुद-बीनी-ओ-ख़ुदा-बीनी[1]

1 ख़ुदा,बंदा,आत्मदर्शन और ईश्वर दर्शन

रुबाई

हाँ तेरी ख़ुदी[1] भी फ़लसफ़ी अच्छी है
मस्तों की भी ख़ू-ए-बे-हुशी[2] अच्छी है
'इरफ़ाँ[3] न हो जिस को ज़ात-ए-हक़[4] का उस की
अच्छी है ख़ुदी न बे-ख़ुदी अच्छी है

1 अभिमान 2 बेहोशी की 'आदत 3 ब्रह्मज्ञान 4 ईश्वर

❁

दुनिया की हर एक शय[1] को छाना तूने
तस्ख़ीर[2] किया है एक ज़माना तूने
हर शय से ज़्यादा मुस्तहिक़[3] थी तिरी ज़ात
अफ़्सोस उसी को कुछ न जाना तूने

1 चीज़ 2 वश में करना 3 अधिकार रखने वाला

❁

ऐ ख़ालिक़-ए-नौ-बहार[1] कुछ देख के चल
ये सब्ज़ा[2] ये लाला-ज़ार[3] कुछ देख के चल
ग़फ़लत[4] से बहे न जा ख़ुद अपनी रौ में
ऐ मौजा-ए-आबशार कुछ देख के चल

1 नव वसंत के विधाता 2 हरियाली 3 बाग़ 4 बे-ख़बरी

❁

ऐ 'इस्मत[1] महज़ ख़ू-ए-इंसान[2] में आ
ऐ साकिन-ए-कुंज-ए-'अलम[3] विज्दान[4] में आ
साहिल[5] ही में 'आफ़ियत[6] है लेकिन कब तक
तू बह्र[7] है बे-कनार तूफ़ान में आ

1 पाप से दूर रहना 2 इंसान की आदत 3 दुःख के घर के निवासी 4 परमानंद 5 समुद्र का तट 6 शांति 7 समुद्र

अश'आर

न दिया जवाब न कुछ कहा न नज़र उठाई न रुख़ किया
मिरा हाल आप ने सुन लिया मगर ऐसे जैसे सुना नहीं

❁

ज़ुल्म करते हैं वफ़ा हो जैसे
या वफ़ाओं का सिला हो जैसे

❁

तेरी महफ़िल से कुछ इस हाल में हम आते हैं
जैसे मक़्तल से शहीदों के 'अलम आते हैं

❁

ये जहाँ भी तू है इस की आख़िरी मंज़िल भी तू
बानी-ए-महफ़िल भी तू है ख़ातिम-ए-महफ़िल भी तू

❁

ख़ुदावंदा ये तेरे सादा-दिल बंदे किधर जाएँ
कि बे-दीनी भी इक फ़ैशन है मज़हब भी रिया-कारी

❁